복음통일의 주인은

하나님입니다

강디모데 드립니다

북한선교의 빛

(북한 이해와 통일 선교)

북한선교의 빛

초판 1쇄 찍은 날 2024년 1월 25일
초판 1쇄 펴낸 날 2024년 2월 5일

지은이 강디모데

펴낸이 조석행
펴낸곳 예영B&P
디자인 차순주

등록번호 1998년 9월 24일(가제 17-217호)
주 소 02176 서울시 중랑구 용마산로 112가길 17(망우동 401-23) 1층
　　　Tel 02)2249-2506　　　**Fax** 02)2249-2508
총 판 예영커뮤니케이션
　　　Tel 02)766-8931　　　**Fax** 02)766-8934

©강디모데 2017

ISBN 978-89-90397-74-4 03230

값 12,000원

- 본 저작물은 저작권법에 의하여 보호받는 저작물이므로 무단전재와 무단복제를 금합니다.
- 잘못 만들어진 책은 언제든지 교환해 드립니다.

북한선교의 빛

(북한 이해와 통일 선교)

강디모데 지음

예영 B&P

이 책의 수익금 전액은
엔케이피플선교회 탈북민 다음세대 사역에 쓰입니다.

책을 내면서

"빛이 어둠에 비치되 어둠이 깨닫지 못하더라"[1]

오늘날 위성에서 한반도를 보면 대한민국은 불빛으로 환하게 밤을 밝히고 있지만 북한은 어둠으로 뒤덮여 있다. 마치 영적 상태를 보여 주는 것만 같다. 그럼에도 하나님의 사랑은 한반도 전체를 향한다. 북한 땅에 공산정권이 지배하기 전 한반도에는 약 3,000개의 교회가 있었다. 그러나 공산정권의 박해로 인해 평양 장대현교회, 평양신학교, 숭실학교가 있었던 장대재 언덕은 만수대 언덕으로 개명되었고 남북 분단 70년이 지난 현재는 그곳에 김일성 동상과 김정일 동상이 세워져 있다. 하나님이 있어야 할 교회의 자리가 김일성-김정일-김정은으로 대체되었고 북한 주민들은 우상에게 가서 절을 하고 숭배한다. 모든 선교가 그러하듯 북한선교 역시 영적 전쟁이다.

하나님은 이스라엘 백성들을 사랑하셔서 모세를 부르셨다. 모세를 통해서 바로의 노예로 살아가고 있는 이스라엘 백성들을 자유롭게 하셔서 출애굽 시키셨다. 이스라엘 백성들을 자유롭게 하기 위해서는 하나님의 기적이 필요했다. 결국 열 가지 재앙을 통해 이스라엘 백성들은 하나님이 하나님이심을 분명하게 보았다. 어린양의 피로 죽음이 넘어가는 유월절 사건을 통해서 예수 그리스도 어린양의 피로 구원을 얻게 됨을 경험하게 된 것이다.

이스라엘 백성들이 유월절 사건을 통해서 바로, 즉 인간이 신이 될 수 있는 것이 아니라 오직 하나님만이 하나님이심을 경험하게 된 것이다. 북한 역시 인간이 하나님의 자리를 대신하고 있지만, 북한 주민들 역시 이스라엘 백성들처럼 하나님이 하나님이심을 보고 듣고 경험하게 될 것이다. 이 일들을 위해 하나님은 먼저 탈북민들을 보내셨고, 그 빛을 먼저 경험하게 하셨다.

그 빛은 예수 그리스도 안에서 참된 생명이요, 구원의 복음이다. 그 빛을 북한에 전하고 순교한 수많은 순교자들이 있다. 또한 중국과 한국, 해외에서 다시 북한을 밝히기 위한 빛으로서 사명을 감당하는 사명자들이 있다. 어쩌면 모세처럼 하나님께서 준비시키셔서 북한 주민들에게 생명의 빛을 전하게 하실 것이다.

곳곳에 교회가 세워지고 믿음의 사람들이 일어나며 1907년 평양 대부흥의 역사가 그 땅에 이뤄지는 그날을 다시 한번 꿈을 꾼다. 빛이 어두움을 비취되 깨닫지 못하는 존재들이 아니라, 성령의 역사 안에서 눈먼 자들이 보게 되며 가난한 자들이 복음을 듣고 포로 된 자에게 자유를, 눌린 자들이 자유롭게 되는 역사들이 일어나게 될 것이다.[2]

그리하여 대한민국을 넘어 북한에도 영적 불을 밝히어 곳곳에 교회가 세워져 남과 북 성도들이 장대재 언덕 위에서 하나님을 찬양하고 예배 드릴 그날이 곧 오기를 기도한다.

『북한선교의 빛』책을 쓰게 된 이유는 북한선교와 탈북민 이해를 위한 선교 현장 중심의 책이 필요한 데서 출발하게 되었다. 이 책의 내용은 필자가 한국교회에서 강의한 내용과 여러 기관에 기고한 문서들을 중심으로 풀어서 작성했다. 한반도 복음화, 북한 이해, 탈북구출과 북한선교, 북한선교 전략과 사역, 통일선교 기도로 문을 열다 내용을 다루었다.

이 책을 통해 북한을 향한 하나님의 마음을 가지고 함께 중보하며 한반도의 복음화를 위해 실질적인 선교의 현장에서 예수 그리스도의 빛을 밝히는 예수 제자, 믿음의 동역자들이 되기를 바란다.

북한 주민과 탈북민들을 위해 하나님의 사랑을 실천하시는 선교사님들과 목사님들 성도님들께 탈북민 사역자로서 탈북민의 한 사람으로 진심으로 감사와 존경의 마음을 드린다.

원고가 완성되기까지 곁에서 응원해 주신 하충엽 교수님과 김회권 교수님, 김의혁 교수님, 탈북민의 관점에서 쓴 책이 빨리 나와야 한다고 격려해 주신 조은식 교수님, 소망교회 김경진 목사님과 이흥락 장로님, 이경혜 장로님, 함께 사역한 소망교회 북상선교부와 미래소망스쿨 선생님들, 사랑빛교회 한규승 목사님과 최정수 목사님 그리고 사랑빛교회 식구들, 엔케이피플 사역으로 합력하여 선을 이룬 온누리교회 이긴이 목사님과 성명자 궈사님, 그리고 온누리교회 여성사역팀, 죽전우리교회 전상출 목사님과 장재영 목사님, 그리고 죽전우리교회 공동체, 10년 이상 믿음의 동역자들로서 엔케이피플 사역을 감당하고 계시는 박영혜 목사님, 백 선생님, 기현일 선교사님, 박명희 교수님, 조선영 권사님, 책을 위해 후원으로 함께 해 주신 서예레미야 선교사님, 엔케이피플 사역을 함께 감당하며 함께 해 온 지윤옥 회계님과 김한나 간사님, 지금도 탈북 청년들과 일대일 멘토로 섬기시는 멘토님들과 후원자님들에게 진심으로 감사드립니다. 모든 영광을 하나님께 드립니다.

2024년 2월 강디모데

추천사

『북한선교의 빛』은 북한의 복잡한 상황을 이해하고, 통일 후 어떻게 선교할지 고민하는 이들에게 좋은 안내서입니다. 이 책은 북한의 일상과 문화를 생생하게 드러내며, 통일 선교 전략에 대한 실질적인 조언을 제공합니다. 독자들에게 북한에 대한 깊은 이해와 통찰을 선사하며, 북한 선교의 새로운 가능성을 탐색하는 데 도움을 줄 것입니다.

김경진 목사(소망교회 담임)

코로나19로 가장 어려워진 '복음사역'영역은 바로 '북한선교'에 있다고 해도 과언이 아닐 것입니다. 필자와 같은 탈북민 크리스천 공동체에게는 이러한 어려운 상황 속에서 지금의 북한선교를 가장 정확하게 바라보고 앞으로의 전략을 준비하는 마음이 그 누구보다 간절한 그룹일 것입니다. 필자는 이 책을 통해 그런 정보적인 측면뿐만 아니라 간절한 기도 가운데 하나님께서 주신 북한을 향한 마음과 기대를 풀어내었으며 이는 많은 북한선교 사역자들과 중보자들에게 좋은 영향력으로 전해질 것으로 기대해 봅니다.

김승욱 목사(할렐루야교회 담임)

『연어의 꿈』을 통해 자신의 남한 정착과정과 기독교신앙 입문을 들려준 저자는 이 책을 통해 하나님이 주신 북한선교의 빛을 들려줍니다. 이 책은 간증이자, 북한선교를 향한 비전이며 사명선언입니다. 이 책은 탈북민을 단지 한 국가를 탈출하여 다른 나라에 정착한 사람들이라고 보지 않고 하나님이 보내주신 사명자라고 보는 신앙적 관점을 일관되게 유지합니다. 탈북민들은 북한에서 겪은 트라우마, 북한탈출 과정에서 겪는 3국 체류 트라우마, 남한 자본주의 사회 적응 트라우마 등 복합적인 트라우마에서 살아남은 자들입니다. 이들에게는 북한선교를 넘어 중앙아시아, 무슬림까지 확장되는 하나님의 종말선교의 사명자들로 택함받아 고난과 연단을 겪고 있습니다. 남한사회와 교회는 탈북민들을 이방인으로 대하거나 일방적인 동정과 연민의 대상으로 간주해서는 안된다는 것입니다. 이 관점에서 저자는 북한선교에 참여하는 남한교회와 그리스도인들에 실로 소중한 통찰과 지혜를 나눠줍니다. 부디 한국교회와 그리스도인들이 이 책을 정독하여 저자가 제시하는 비전을 품고 북한선교를 위해 등불을 준비할 수 있기를 기대합니다. 이 책을 다 읽고 나면 독자들은 아마 옷깃을 여미며 기도할 것입니다.

첫째, 하나님께서 저자 강디모데 목사와 3만 탈북민 동포들의 아우성을 들어주시고 그 눈에서 흘러내리는 눈물을 닦아주소서. 둘째, 세상 끝날 새 하늘과 새 땅이 열리는 그 날 백보좌 앞에서 닦아주실 그 눈물을 지금 이 시간에 닦아주소서.

셋째. 북녘땅 동포들과 그들과 생이별을 감수하면서 남한과 온 세계에 흩어져 사는 탈북민들의 눈물을 닦아주소서.
넷째. 그동안 탈북민들을 몰이해하고 차별했던 남한동포들에게 회개의 마음을 일으키시고 남한교회가 탈북민 그리스도인들을 북한선교의 동역자로 존중하게 하옵소서.

김회권 교수(숭실대학교 기독교학과)

이 책은 학술적인 연구에 의해서가 아닌 오랫동안 북한선교와 탈북민 사역 현장에서 부대끼며 주님께서 주신 깨달음에 의해 만들어진 책임을 알 수 있습니다. 하나님께서 반드시 이루실 북한의 회복과 복음 통일을 위해 무엇을, 어떻게 기도하고 준비해야 하는지 알기를 원하는 교회와 성도님들에게 지침서로 추천해 드립니다.

마요한 목사(새희망나루교회 담임)

북한선교는 지금까지 선교의 주최이신 구속자 하나님의 섭리 가운데 성령의 역사로 이루어져 왔습니다. 목회자들과 성도들은 이 책의 글을 읽을 동안 하나님께서 열어주신 북한선교의 다양한 흐름과 변화들을 보며 이해할 것이며 이 책을 다 읽었을 때에는 복음통일을 크게 이루어가시는 참 빛이신 하나님의 발길음 소리를 듣게 될 것입니다.

이빌립 목사(통일소망선교회 대표)

빛이 비추어지면 어둠은 사라집니다. 민족통일과 북한선교는 한반도와 열방의 빛입니다. 그 빛은 하나님의 사람을 통해 비춥니다. 저자는 한민족을 위해 준비하신 빛입니다. 하나님 마음과 역사적 통찰력 그리고 뜨거운 눈물로 그 빛을 담아낸 귀한 글을 대합니다. 이 글을 통해 우리 마음에 드리운 복음통일의 어두운 그늘이 다 사라지고 소망의 빛으로 충만할 것을 확신합니다.

이종한 목사(제주아름다운교회 담임)

예수님은 어두운 세상에 빛으로 오셨습니다. 하나님도 빛이시고, 성령님도 빛이십니다. 이 빛을 받아 한국 역사를 밝힌 선교사님들의 이야기, 그리고 이 복음의 빛을 탈북민들에게 어떻게 비추어야 하는지 구체적인 전략을 소개하는 이 귀한 책을 강추합니다.

임현수 목사(TMTC 대표)

『연어의 꿈』 이후로 저자는 북한에 대한 긍휼함을 품고 북한 동포의 구원과 복음 통일을 위해 사역하는 가운데 이 책을 쓰게 된 것으로 압니다. 한때 북한 주민이었던 저자는 내부자의 관점에서 북한의 상황을 바라보았고, 이제 대한민국의 국민이 된 저자는 외부자적 관점에서 북한을 관찰하며 균형된 시각으로 북한의 형편을 분석하고 있습니다. 복음과 통일이라는 궁극적 목적을 가지고 쓰여진 『북한선교의 빛』을 추천합니다.

조은식 교수(숭실대학교 기독교학과)

이 책은 한반도를 향한 하나님의 마음에 대한 넓고 깊은 통찰이 담겨 있습니다. 10대부터 북한 선교를 위해 헌신한 강디모데 선교사의 생생한 경험은 한 사람을 들어 사용하시는 하나님의 일하심에 대한 놀랍고도 감동적인 증언이며, 동시에 한국교회 성도들이 어떻게 북한과 탈북민을 제대로 이해하며 섬길 수 있는지에 대한 온전한 길잡이가 되어줄 것입니다.

추상미 감독

시간이 지나면서 탈북이라는 용어는 이제 낯설지 않습니다. 국회에도, TV 프로그램에서도 탈북민의 역할을 봅니다. 그런데 탈북민이 한국 땅에 교회를 50개 이상 세웠다는 것을 아는 사람이 많지 않습니다. 이 역사를 저자는 빛의 관점으로 해석했습니다. 이 빛은 독자에게 희망을 보게 합니다.

하충엽 교수(숭실대학교 기독교통일지도자학과)

그동안 통일선교에 대한 책들을 보면서 느꼈던 아쉬움은 성도님들이나 통일선교에 관심이 있는 분에게 권할 만한 책을 찾기 어려웠다는 것입니다. 그러나 이제 너무 학술적이거나 반대로 개인적 간증 수준의 책이 아니라 통일선교를 전체적으로 조망할만한 책이 나왔다는 것이 기쁩니다. 이 책은 체계적이고 객관적이지만 저자 자신의 체험과 열정에서 우러나오는 파토스가 있습니다. 통일선교의 미래를 위해 많은 분들이 읽게 되기를 바랍니다.

한규승 목사(사랑빛교회 담임)

목차

책을 내면서_ 5
추천사_ 9

Part 1. 한반도 복음화_ 19
  1장. 북한을 밝히는 빛_ 21
  2장. 북한을 향한 하나님의 사랑_ 26
  3장. 한반도 복음의 역사_ 31
  4장. 한반도 기독교 박해와 영적 성장_ 36

Part 2. 북한 이해_ 43
  1장. 주체사상과 기독교_ 45
  2장. 북한의 우상화와 공포정치_ 51
  3장. 북한의 장마당과 개인주의_ 56
  4장. 북한의 월급과 배급_ 60
  5장. 북한의 세대 구분_ 63

Part 3. 탈북구출과 북한선교_ 69
  1장. 어두움에서 빛으로 부르심_ 71
  2장. 목숨을 건 탈북과 자유_ 74
  3장. 탈북과 선교사들의 영향_ 80
  4장. 한국판 쉰들러 리스트 구출사역_ 85
  5장. 탈북구출 사역의 현황과 지속성_ 92

Part 4. 북한선교 전략_ 97
　1장. 탈북민선교, 북한선교, 통일선교의 전략_ 99
　2장. 북한선교와 탈북민선교를 위한 전략_ 104
　3장. 북한선교 전략을 위한 네 가지 프레임_ 111
　4장. 북한선교 미디어 사역과 전략_ 117

Part 5. 북한선교 사역_ 139
　1장. 북한선교 중보기도 사역_ 141
　2장. 북한 지하교회 사역_ 145
　3장. 북한교회 재건 사역_ 152
　4장. 엔케이피플 선교 사역_ 158

Part 6. 통일선교, 기도로 문을 열다_ 163
　1장. 나라와 민족과 교회와 선교를 위한 기도문_ 165
　2장. 통일선교를 위한 21일 기도문_ 169
　　1) 북한을 향한 하나님 아버지의 마음을 주시옵소서.
　　2) 북한의 지하교회를 위해 기도합니다.
　　3) 북한의 우상인 주체사상과 독재가 무너지기를 기도합니다.
　　4) 북한의 교회가 재건되기를 기도합니다.
　　5) 북한의 생명 양식을 위해 기도합니다.
　　6) 북한의 가정을 위해 기도합니다.
　　7) 북한의 다음세대를 위해 기도합니다.

8) 북한의 정치범수용소를 위해 기도합니다.
9) 북한의 인권을 위해 기도합니다.
10) 북한의 의료를 위해 기도합니다.
11) 중국에 있는 탈북민을 위해 기도합니다.
12) 제3국 출생 탈북민 자녀를 위해 기도합니다.
13) 북한선교 하시는 선교사님을 위해 기도합니다.
14) 탈북민 가정을 위해 기도합니다.
15) 탈북민 다음세대를 위해 기도합니다.
16) 탈북민 신학생을 위해 기도합니다.
17) 탈북민 사역자를 위해 기도합니다.
18) 탈북민교회를 위해 기도합니다.
19) 한반도에 복음으로 하나가 되는 복음통일을 위해 기도합니다.
20) 한반도에 하나님의 평화가 임하기를 기도합니다.
21) 한반도에 하나님의 나라가 임하기를 기도합니다.

글을 마치며_ 207
참고문헌/ 각주_ 213

1장. 북한을 밝히는 빛

"공민은 신앙의 자유를 가진다."[3]

북한의 '신앙의 자유'라는 헌법 조항은 허구에 가깝다. 북한 정부는 김일성-김정일-김정은 3대 세습을 통해 북한 주민들에게 '김씨 일가'를 우상으로 섬기도록 강요하고 있다.

북한 헌법에는 '신앙의 자유'가 명시되어 있지만 이는 허울뿐이다. 북한은 사실상 '김씨 일가'의 신념인 '주체사상-김일성 주의'만을 유일한 종교로 인정하고 있으며 기독교를 포함한 다른 종교는 허용하지 않는다. 따라서 '종교의 자유'는 존재하지 않는다. 실제로 북한에서 기독교를 믿거나 전도하다가 정치범 수용소에 수감되거나 처형되는 사례가 빈번하다. 따라서 북한은 거대한 '김씨 일가'의 종교 국가라고 할 수 있다.

1) 어둠 속에 남겨진 북한 성도들의 빛

북한은 기독교 세계 박해 순위 1위[4]를 기록했다. 2020년에 제정된 반동사상문화배격법으로 박해는 더욱 심해지고 있다. 그럼에도 북한에는 믿음의 사람들이 존재한다. 왜 그들은 박해받고 있으며 하나님의 섭리 속에서 어떤 역할을 감당하고 있는가? 북한의 교회는 크게 세 가지로 나눌 수 있다.

첫째, 북한이 공인하는 봉수교회, 칠골교회 가짜 교인

봉수교회, 칠골교회는 거짓 선동을 위한 것이거나 김일성-김정일-김정은을 대상으로 신으로 섬기는 관제 이단 교회이다.

"교회를 담임하는 목회자와 전임으로 일하는 사람들은 조국통일민주주의전선(조국전선)에 소속되어 있는 일꾼들이다. 조선그리스도교연맹의 일원으로 교회에 파견되어 나와 있으나 조국 전선에 소속되어 민간통일전선사업을 담당하는 일꾼들이다."[5] 이것이 북한교회의 실상이다.

2016년 영국의 북한대사관에서 한국으로 망명한 태영호 공사는 다음과 같이 증언한다. 봉수교회와 장충성당에 동원되어 나온 사람들이 시간이 흐르면서 신앙이 생겨난 데 대해 북한 당국이 촉각을 곤두세웠다고 한다. 처음에는 이들을 교회나 성당에 나오게 하기가 정말 어려운 일이었으나 어느 순간부터 여기에 나오는 여성들의 수가 늘어났고 진짜 신앙이 생겼음을 당국이 간파했다는 것이다. 주일에 교회의 주변을 서성이는 사람들이 있어서 체포해 조사해 보니 과거 신자였음이 드러나 북한에 신자가 없고 종교 문제가 해결되었다고 선언했지만, 교인들은 당국의 탄압이 두려워 신앙을 버렸다고 했을 뿐 신앙을 유지하고 있었다고 한다.[6]

북한에서 "종교는 사람들의 비판의식을 마비시키는 '인민의 아편'으로서 사회주의 사회에서 사라져야 할 미신으로 간주 되었다."[7] 김일성도 "종교는 반동적이며 비과학적인 세계관입니다. 사람들이 종교를 믿으면 계급의식이 마비되고 혁명하려는 의욕이 없어지게 됩니다. 결국 종교는 아편과 같은 것이라고 말할 수 있습니다."라며 종교를 반동적이며 비과학적인 세계관으로 규정하였다.[8]

북한 당국의 자료에 의하면 1950년 이전 북한 기독교는 약 2,000교회에 신도 20만 명으로 목사 410명, 전도사 498명, 장로 2,142명 등이었다고 한다.[9] 이들은 어디에 갔는가? 김일성 집권 이후 북한의 기독교는 종교 말살 정책으로 이어져 박해의 시대가 시작되어 지금까지 계속되고 있다.

전 김일성대 교수인 최광성은 북한의 종교 정책은 종교 말살을 위한 정책이라고 정의하면서 제한(45~50), 탄압(50~60년대), 이용(70년대부터)의 3단계로 설명하였다.[10]

북한의 종교는 김부자를 위한 것이고 북한의 관제 이단 교회는 거짓 기독교로 속인 외화벌이 수단이다. 그럼에도 하나님의 복음이 전파될 때, 하나님의 역사는 있을 수 있다는 여지는 충분히 있다.

둘째. 북한 공인 교회에 속하지 않는 그루터기 성도

해방 이후 신실하게 기독교 신앙을 지켜온 신앙인의 뿌리가 남아 있다. 월남한 수많은 기독교계 인사들이 북쪽에 남겨두고 온 가족과 그곳에서 순교한 신앙인들의 후손들이 바로 그 뿌리이다. 1958년의 대박해로 흩어지기 시작한 그루터기 신앙공동체는 그 후 가족 또는 친척 내 개별적 혹은 소규모 모임으로 존재하였으며 1972년 이후 공인 교회로 동원되기도 하고 1995년 이후 지하교회 활동에도 참여하고 있다. 이들은 2대 3대로 내려오면서 부모들로부터 구두로 신앙을 전수받고 막연하게나마 그 신앙을 유지해 오고 있다.[11]

김부자의 동상에 가서 절을 할지라도 가족끼리 비밀리에 결혼하거나 신앙을 이어가고 있는 소수의 그루터기 기독교인들로 신앙을 유지하고 있다.

셋째. 지하교회 성도

1994년 김일성 사망 이후로 북한 주민들이 중국에 식량을 구하기 위해 탈북했지만, 그곳에서 선교사들을 만나 복음을 접하고 다시 북한에 들어가 복음을 전하면서 지하교회가 생겨나기 시작했다. 이 과정에서 복음은 계속 전파되었고 또 다른 한편에서는 복음을 전하다가 잡혀 수많은 순교자들이 발생했다. 예수 믿는다는 이유로 사람들 보는 앞에서 공개 처형시키거나 정치범 수용소로 보내졌다.

필자의 아버지도 예수 믿는다는 이유로 북한의 함흥 요덕 정치범 수용소에서 돌아가셨다. 필자도 성령의 이끄심에 순종하여 북한에 여러 차례 들어가 복음을 전했다. 전도는 인간이 할 수 있는 것이 아니라 성령 하나님께서 하시는 역사이다. 북한에는 박해 가운데에서도 하나님께서 남겨두신 지하교인, 즉 하나님을 예배하는 그리스도인들이 있다. 이들은 하나님의 섭리 가운데에서 북한의 부흥과 열방을 위한 선교에 귀한 믿음의 동역자들이 될 것이다.

2) 열방을 비추는 한반도 복음의 빛

많은 탈북민이 중국에서 북한으로 들어가 복음을 전하다 순교를 당했다. 아직도 정치범 수용소에 갇혀 있고, 일부 지하교인들은 숨어서 기도하고 있다. 마치 하나님께서 엘리야에게 바알에게 무릎을 꿇지 아니한 칠천 명을 남기셨다는 말씀처럼 하나님은 믿음의 사람들을 지키시고 마지막 때에 그들을 풀어놓아 사용하실 것이다.

로마 시대 카타콤 그리스도인들처럼 신앙의 성숙을 통해 마지막 시대에 북한의 복음화와 무슬림 복음화 땅끝 선교를 감당할 제사장 민족으로 사용하실 것이다. 북한의 지하교인들은 대한민국 교회를 위해 기도하고 있다. 대한민국 교회도 북한의 지하교인들을 위해 기도해야 한다. 마지막 시대의 선교적 사명을 감당하기 위해 함께 준비해야 한다. 생명의 빛을 북한을 넘어 열방으로 비추어야 할 사명이 우리에게 있다.

2장. 북한을 향한 하나님의 사랑

1) 하나님이 북한을 사랑하시는가?

> "하나님이 세상을 이처럼 사랑하사 독생자를 주셨으니 이는 그를 믿는 자마다 멸망하지 않고 영생을 얻게 하려 하심이라"[12]

십 대에 예수님을 영접하고 요한복음 3장 16절 말씀을 외웠다. "하나님이 세상을 이처럼 사랑하사" 이 말씀 안에는 분명히 남한도 있고 북한도 있을 것이다. 하지만 하나님이 남한은 사랑하시는 것 같았지만 북한도 사랑하신다는 것에 동의하기가 어려웠다. 북한을 사랑하시는 것이 아니라 저주하셨고 버린 것만 같았다.

그렇게 생각하게 된 배경에는 고난의 행군[13] 기간인 1995년~1997년 큰 수해와 가뭄으로 인해 수많은 아사자가 생겨났고 땅에 어떤 종자를 심어도 잘 자라지 않는 것을 직접 목격했다. 황해도 곡창지대를 제외하고는 필자가 살았었던 함경도는 열악했다. 식량 부족으로 인해 북한 정부는 배급을 주지 않았고 북한 주민들은 식량난으로 허덕이다 굶어 죽어야만 했다.

그런 상황에서 가족 한 명 한 명씩 잃을 때마다 사람들의 감정 상태는 무덤덤해졌다. 아기들이 배고파 우는 소리, 산모가 아기의 울음을 달래기 위해 빈 젖을 물려 보지만 산모도 먹지 못해 죽음에 이르러야 했던 사람들, 다리 밑에서 옹기종기 추위를 이겨내려고 하다가 결국 얼어 죽고 굶어 죽는 어린아이들, 그렇게 곳곳에서 소리 없이 굶어 죽어갔다.

마치 구약성경에 시리아군이 사마리아 성을 포위하자 성 안에 있는 사람들이 굶어 죽을 지경에 이르게 되었고 식인 사건까지 일어났듯이 북한에서도 눈을 뜨고 볼 수 없고 들을 수 없는 일들이 곳곳에서 일어났다. 그곳에는 인권이 없었고 살아있는 지옥을 방불케 했다.

하나님이 북한을 사랑하시는 것이 아니라 신명기 28장의 말씀처럼 여호와의 말씀에 순종하는 백성들에게는 축복을 내리시고 여호와의 말씀에 순종하지 않는 백성들에게는 저주를 내리시는 것처럼 보였다.

> "네가 네 하나님 여호와의 말씀을 삼가 듣고 내가 오늘 네게 명령하는 그의 모든 명령을 지켜 행하면 네 하나님 여호와께서 너를 세계 모든 민족 위에 뛰어나게 하실 것이라 네가 네 하나님 여호와의 말씀을 청종하면 이 모든 복이 네게 임하며 네게 이르리니 성읍에서도 복을 받고 들에서도 복을 받을 것이며 네 몸의 자녀와 네 토지의 소산과 네 짐승의 새끼와 소와 양의 새끼가 복을 받을 것이며 네 광주리와 떡 반죽 그릇이 복을 받을 것이며 네가 들어와도 복을 받고 나가도 복을 받을 것이니라 여호와께서 너를 대적하기 위해 일어난 적군들을 네 앞에서 패하게 하시리라 그

들이 한 길로 너를 치러 들어왔으나 네 앞에서 일곱 길로 도망하리라 여호와께서 명령하사 네 창고와 네 손으로 하는 모든 일에 복을 내리시고 네 하나님 여호와께서 네게 주시는 땅에서 네게 복을 주실 것이며 여호와께서 네게 맹세하신 대로 너를 세워 자기의 성민이 되게 하시리니 이는 네가 네 하나님 여호와의 명령을 지켜 그 길로 행할 것임이니라 땅의 모든 백성이 여호와의 이름이 너를 위하여 불리는 것을 보고 너를 두려워하리라 여호와께서 네게 주리라고 네 조상들에게 맹세하신 땅에서 네게 복을 주사 네 몸의 소생과 가축의 새끼와 토지의 소산을 많게 하시며 여호와께서 너를 위하여 하늘의 아름다운 보고를 여시사 네 땅에 때를 따라 비를 내리시고 네 손으로 하는 모든 일에 복을 주시리니 네가 많은 민족에게 꾸어줄지라도 너는 꾸지 아니할 것이요 여호와께서 너를 머리가 되고 꼬리가 되지 않게 하시며 위에만 있고 아래에 있지 않게 하시리니 오직 너는 내가 오늘 네게 명령하는 네 하나님 여호와의 명령을 듣고 지켜 행하며 내가 오늘 너희에게 명령하는 그 말씀을 떠나 좌로나 우로나 치우치지 아니하고 다른 신을 따라 섬기지 아니하면 이와 같으리라 네가 만일 네 하나님 여호와의 말씀을 순종하지 아니하여 내가 오늘 네게 명령하는 그의 모든 명령과 규례를 지켜 행하지 아니하면 이 모든 저주가 네게 임하며 네게 이를 것이니 네가 성읍에서도 저주를 받으며 들에서도 저주를 받을 것이요 또 네 광주리와 떡 반죽 그릇이 저주를 받을 것이요 네 몸의 소생과 네 토지의 소산과 네 소와 양의 새끼가 저주를 받을 것이며 네가 들어와도 저주를 받고 나가도 저주를 받으리라"[14])

2) 북한 사람들은 복음의 생명으로 회복되어야 할 하나님의 형상

필자는 15살에 북한에 복음을 전하러 들어갔다.[15]) 북한에 있는 무산 아줌마에게 복음을 전하고 헤어지는 상황에서 그녀의 얼굴은 웃으면서도 우는 모습이었다. 마치 천사나 예수님의 얼굴과도 같았지만 딱히 무엇이라고 표현할 수는 없다. 하지만 분명한 것은 하나님께서 말씀하시는 음성이 들렸다.

> "내가 얼마나 저들을 사랑하는지 아니? 저들은 저주받아야 할 대상들이 아니라 예수 그리스도의 생명으로 회복되어야 할 하나님의 형상들이다."

하나님은 북한을 사랑하신다. 아니 "하나님이 세상을 이처럼 사랑하사"라는 말씀 안에는 남한, 북한, 그리고 죄인 된 모든 인간을 사랑하시는 하나님의 사랑이 내포되어 있었다. 북한 사람들은 저주받아야 할 대상이 아니었다. 예수 그리스도의 복음으로 회복될 하나님의 형상들이었다. 필자에게는 엄청난 충격이었다. 어둠의 방에 갑자기 빛이 들어오는 것만 같았다. 그때 강력한 성령의 충만한 임재를 느꼈다. 내 마음 가운데 모든 두려움이 사라지고 평안으로 가득 채워지는 것을 경험할 수 있었다.

　북한의 어느 지역에 있는 민둥산에 올랐다. 그곳에서 다락마을들을 바라보며 하나님께 예배를 드렸다. 하나님께 기도하는 마음으로 찬양을 불렀다.

> "어둠의 그늘 땅을 덮어 그들 눈 가려 빛을 볼 수 없네
> 성령이여 그들 눈을 열어 영광의 빛 밝을 비추소서
> 창문을 비추소서 모든 민족들 영혼의 창문을
> 창문을 비추소서 당신의 마음에 불타는 사랑 보이소서
>
> 당신의 사랑 빛의 자녀 안에
> 당신의 진리 타는 횃불 같네
> 열방 향해 그 불 높이 들고 주의 구원 사랑 비추리라
> 창문을 비추소서 모든 민족들 영혼의 창문을
> 창문을 비추소서 당신의 마음의 불타는 사랑 보이소서"[16]

　그리고 그 땅을 위해서 그 영혼들을 위해서 기도했다. 그때 하나님께서 북한의 지방 곳곳에 십자가 교회가 세워지는 환상을 보여 주셨다. 북한의 우상은 사라지고 다시 교회가 세워질 것이다. 그곳에서 남과 북 성도들은 하나님을 예배할 것이다. 하나님은 북한을 사랑하신다. 하나님은 대한민국을 사랑하신다. 하나님은 우리 모두를 사랑하신다.

3장. 한반도 복음의 역사

1) 한반도 선교

복음이 전파되기 전 한반도는 우상숭배와 미신으로 가득했다. 영적으로는 어둠과 절망으로 가득한 땅이었다. "주여! 지금은 아무것도 보이지 않습니다." 언더우드 선교사의 기도 내용처럼 말이다. 가난하고 어둠에 잠긴 땅 한반도에 하나님의 마음이 있었다. 하나님은 한반도의 복음화를 위해 영국, 미국 등지에서 선교사들을 보내셨고 그들은 교회, 학교, 병원을 설립해 하나님의 사랑을 전파했다.

1866년, 27세의 토마스 선교사는 영국 런던선교회 소속으로 한반도의 선교를 위해 영국 상선 제너럴 셔먼호를 타고 조선에 입국했다. 그는 평양 만경대의 작은 섬 두로도에 내렸지만, 자신을 공격하던 조선 병사에게 성경책과 복음을 전하며 순교했다.

제너럴 셔먼호 격침으로 조선이 승리를 만끽하기도 전에 이 일을 빌미로 미국은 조선을 무력으로 침략하여 신미양요를 일으켰다. 이 사건으로 조선은 미국과 통상조약을 맺게 되었다. 이 조약은 선교의 자유를 보장해 주지는 않았지만, 미국인이 조선에 거주하면 안전을 보장받게 되었다. 이로써 제너럴 셔먼호 사건이 조선에 기독교 선교에 합법적인 문을 여는 데 결정적인 역할을 하게 된다.

11살의 소년 최치량은 세 권의 성경책을 주워 영문 주사 박영식에게 주었고 박영식은 이 성경을 가져와 자기 집에 도배했다. 25년이 흐른 1891년, 소년이었던 최치량은 사업에 성공하여 물상객주가 되어 박영식의 집을 사서 여관으로 운영하게 되었다. 그때 복음을 전하기 위해 평양을 처음 방문한 마포삼열 선교사와 한석진 목사가 우연하게도 최치량의 여관에 머물게 되었다.

　이를 계기로 집주인인 최치량은 마펫으로부터 세례를 받게 되고 성경을 찢어 도배했던 박영식도 예수를 믿게 되었다. 나중에 그의 집이 예배 처소로 쓰이게 된다. 이것이 바로 평양 최초의 '널다리골 교회'이다. 이 교회는 나중에 성장하여 '장대재 교회'가 되고 그 터 위에 더 큰 교회를 지어 '장대현교회'가 된다. 1907년 놀라운 평양 대부흥 운동이 여기에서 일어나게 된다.[17]

　토마스를 죽인 박춘권은 널다리골 교회의 종소리를 들을 때마다 괴로움을 견딜 수 없어 마펫을 찾아 참회하고 예수를 믿고 영주교회의 영수가 되었다.

　복음을 알지 못하는 조선인들을 향해 복음의 열정을 가지고 목숨을 내던진 토마스 선교사의 순교는 헛되지 않았다. 터툴리안은 "순교자의 피는 교회의 씨앗이다. 우리가 베어 넘어질 때마다 더 많은 그리스도인이 생겨날 것이다."라고 말했다. 토마스 선교사의 순교는 한반도 교회가 세워지는 초석이 되었다. 그의 순교는 "한 알의 밀이 땅에 떨어져 죽지 않으면 한 알 그대로 있고 죽으면 많은 열매를 맺느니라."[18]는 말씀처럼 한 알의 밀알이 되어 많은 열매를 맺는 결실이 되었다.

1882년 한미통상조약을 계기로 기독교 선교사들이 한반도에 입국하여 교육, 의료, 선교를 집중적으로 하게 되었다. 언더우드 선교사는 1886년 언더우드 학당, 1905년 경신학교, 1915년 연희전문학교의 전신인 경신학교 대학부와 조선기독교대학을 설립했다.[19] 1957년에는 연희대학교와 세브란스의과대학이 통합하여 연세대학교가 되었다.[20] 아펜젤러 선교사는 1885년 배재학당을 설립하였고 현재는 배재중·고등학교와 배재대학교가 되었다. 스크랜튼 부인은 1886년 이화학당을 설립하여 최초의 여성 교육 기관을 세웠고 현재는 이화여자중·고등학교와 이화여자대학교가 되었다. 베어드 선교사는 1897년 숭실학당을 설립하였고 현재는 숭실중·고등학교와 숭실대학교가 되었다. 이 외에도 많은 선교사들이 한반도에 입국하여 학교, 병원, 교회를 세우고 하나님의 사랑을 전했다. 영적으로 암울했던 한반도에 복음의 빛이 비쳐 어둠을 밝히고 있었다.

2) 한반도의 부흥

1903년 원산에서 하디 선교사가 사경회를 인도했다. 하디 선교사는 사경회를 인도하면서 자신이 '성령의 인도와 능력'을 따르지 않은 것에 대해 회개하면서 성령의 충만한 임재를 경험했다. 함께 참석했던 선교사들도 같은 경험을 하게 되었다. 하디 선교사가 인도하는 집회마다 회개 운동이 일어나면서 1904년 전국으로 확산하였다.[21]

1906년 8월, 하디 선교사가 평양에 가서 선교사 연합사경회를 인도하게 되었고 그곳에서도 '성령 충만'을 경험했다. 그리고 한 달 후, 존스턴이 평양을 방문하여 영국 웨일즈와 인도에서 일어난 부흥 운동 소식을 전함으로써 교회 부흥을 위해 기도하기 시작했다.

1907년 1월, 평양 장대현교회와 숭덕학교에서 개최된 연합사경회에서 놀라운 부흥의 역사가 일어났다. 이 부흥회는 길선주 목사의 회개로 촉발되었고 신자들의 참회와 자백으로 이어졌다. "여러분, 저는 아간과 같은 놈입니다. 저 때문에 우리 모두가 은혜받지 못하고 있다는 것을 깨달았습니다. 얼마 전에 제 친구 한 사람이 임종하면서 부탁하기를 '나는 이제 죽는데 내가 죽은 후에 재산을 잘 처리해 주시기를 바랍니다. 제 아내는 이런 관리를 할 줄 모르니까 꼭 부탁합니다'라고 했습니다. 저는 그 과부의 재산을 다 정리하긴 했지만 그중 100원을 잘라 먹었습니다. 저는 하나님을 속였습니다. 내일 날이 밝는 대로 돈을 돌려드리겠습니다." 그의 회개는 그곳에 모인 회중들의 회개로 이어졌다.

김양선은 이렇게 기록했다. "인간이 범할 가능성이 있는 모든 죄는 거의 다 고백 되었다. 사람의 체면은 이제 다 잊어버리고 오직 이때까지 자기들이 배반했던 예수를 향하여 '주여, 나를 버리지 마옵소서!'라고 울부짖을 뿐이었다. 국법에 의해 처벌받든 또 그로 인해 벌을 받거나 죽임을 당하든 그게 문제가 아니었다. 다만 하나님의 용서를 받는 것만이 그들의 유일한 소원이었다."

조지 매큔 선교사는 미국 북 장로교 총무 브라운에게 보낸 편지에서 "우리는 매우 놀라운 은혜를 경험하고 있다. 장대현교회에서 모인 지난밤 집회는 최초의 실제적인 성령의 권능과 임재의 모임이었다. 우리 중 아무도 지금까지 이전에 그 같은 것을 경험하지 못했으며 우리가 웨일스 인도에서 일어난 부흥에 대해 읽었지만, 이번 장대현교회에서의 성령의 역사는 지금까지 읽었던 어떤 것도 능가할 그런 것이었다."라고 썼다.

윌리엄 블레어와 브루스 헌트는 그때의 일을 이렇게 증언하고 있다. "마치 건물의 지붕이 열리고 하늘로부터 하나님의 영이 거대한 산사태처럼 우리에게 쏟아진 것 같았다."

1907년 평양 대부흥은 말씀과 기도를 통한 성령의 임재와 함께 철저한 회개 운동이었다. 또한 개인의 영적 각성으로 끝나지 않고 사회개혁으로 이어졌다. 선교사들의 무고한 피가 흘렀던 소돔과 고모라의 도성으로 불리던 평양이 '동방의 예루살렘'이 되었다.

이처럼 하나님의 역사는 1903년 원산 부흥, 1907년 평양 대부흥, 1909년 백만 구령 운동까지 이어지면서 한반도를 향한 하나님의 사랑이 기름 붓듯 쏟아져 내렸다.

4장. 한반도 기독교 박해와 영적 성장

1) 기독교 박해

1945년, 한국이 일본의 압제로부터 해방되었다. 한반도의 북쪽은 공산주의 정부를 수립한 소련에 의해 점령되었다. 북한은 종교 세력을 큰 방해물로 보고 간접적인 방식으로 탄압했다. 1946년 11월 28일, 북조선 기독교연맹이 창립되어 기독교 지도자들을 회유, 협박하여 포섭하기 시작했다. 협조하지 않는 교회 지도자들은 납치, 살해되었다.[22]

1950년 6월 25일 새벽, 북위 38도선 전역에 걸쳐 북한군이 불법 남침함으로써 한반도에 전쟁이 시작되었다. 3년 1개월간의 전쟁은 결국 국제전으로 이어졌다. 북한은 중공군의 지원을 받았고 한국은 유엔군의 지원을 받았다. 그렇게 동족상잔의 비극이 시작되었고 전쟁으로 인한 사망 부상자는 170만 명 이상에 달했다.

북한은 해방 전까지 3,000개의 교회가 세워졌는데 그때 헌신했던 미국 선교사들의 영향으로 한반도에는 숭미 사상으로 가득하였다. 그러나 전쟁 이후로 반미사상으로 바뀌게 된다. 한국 전쟁 기간에 평양의 인구가 40만 명이었다. 그런데 평양에만 42만 개의 폭탄이 떨어졌고 전쟁 기간에 북한 주민이 4분의 1이 죽었다.[23] 미국에 대한 증오심은 결국 기독교로 이어지게 되었고 "종교는 인민의 아편"으로 간주하며 기독교와 미국을 타격의 대상으로 규정했다.

북한에는 해방 전까지 3,000개의 교회 신자의 수는 약 30만에 달했다. 그러나 한국 전쟁으로 인해 수많은 교회가 불타서 없어지고 전쟁이 끝난 후에는 소수의 교회만 남아 있게 되었다. 전쟁 중에 사망하거나 실종된 사역자들은 북한 당국에 체포되어 사망하거나 실종된 것으로 보인다.

이승만 목사는 이 시기에 자신의 아버지를 포함하여 "50여 명의 목사를 (대동강변에서) 한 구멍에 몰아넣고 사살해 버린 것"을 목격하였다고 한다. 이때 북한 당국에 체포되어 사망하거나 실종된 북한의 목사와 전도사들은 모두 350명에 이른다. 이처럼 대량 학살 투옥 그리고 월남으로 인해 북한에 남아 있는 목사는 전부 20명도 되지 않았다.[24] 이처럼 북한이 기독교인들을 학살하고 전쟁으로 인해 서로 죽이는 비극으로 상호 간에 증오심만 남게 되었다.

이 시기에 북한은 종교인들을 색출하여 체포하고 숙청하였다. 이로 인해 많은 기독교인이 자취를 감추거나 남한으로 피신하였다. 일부 기독교인들이 반기독교 활동에 연루되었으며 미국 선교사들과 한국 성직자들이 직·간접적으로 미제국주의에 연루되어 있다는 여론을 통해 기독교 탄압의 시기를 맞이하게 되었다. 전쟁 이후부터 북한은 종교 말살 정책을 시행하였다. 북한에 남아 있었던 1,500개의 교회와 30만 명의 개신교인들이 박해의 대상이 되었다.[25]

북한 공산정권의 박해 때문에 기독교는 두 가지 중 하나를 선택해야 했다. 북에 남아 있거나 남으로 피난 내려가야 했다. 북에 남아 있는 교회는 시간이 지나 공산당의 박해에 자취를 감추게 되었고 남으로 피난 내려간 교회는 영적 성숙과 부흥을 경험하게 되었다. 그 대표적인 교회들이 영락교회, 연동교회, 새문안교회, 경동교회, 초동교회 등이다.

1953년 7월 27일, 38선에서 한국 전쟁이 휴전되었다. 북한에서는 기독교 탄압이 계속되었다. 김일성은 "종교는 인민의 아편"으로 규정하고 북한 주민들에게 반종교 학습을 강요했다. 언더우드 선교사가 미제 앞잡이로서 간첩 노릇을 했는데 북한 어린이가 썩은 사과 하나 주웠다고 사냥개를 풀어 물어뜯게 하고 염산으로 이마에 도둑이라고 새겨놓는 천인공노할 만행을 저질렀다는 허위 내용을 그린 풍자화를 초등학교 교과서와 학교에서 북한의 어린이들에게 거짓을 가르치고 있다.[26]

또한 미제침략자들이 신천 땅에 들어와 인구의 4분의 1에 해당하는 3만 5천여 명의 무고한 시민들을 학살했는데 그곳에도 선교사들이 앞잡이가 되어 있다는 허위 내용으로 역사자료를 조작했다. 신천 박물관과 역사 다큐멘터리 등을 통해 신천 학살 사건을 미국과 선교사들의 만행으로 조작하여 북한 주민들에게 반미, 반제국주의 사상을 심어주고 미국에 대한 적대감을 고착화했다.

김일성은 사회주의 체제를 정당화하기 위해 '수령절대주의'를 통해 독재체제를 구축해 왔다. 북한은 기독교가 사회주의 체제를 전복시키려는 집단으로 규정하고 기독교 말살 정책을 폈다. 전쟁 이후부터 시작된 종교 말살 정책은 미제국주의에 대해 가지는 반감과 관련되어 있다. 전쟁의 폭탄으로 인해 폐허가 된 한반도에 숭미는 반미사상으로 전환되었고 기독교를 미제국주의 산물로 여기게 되면서 종교와 미제국주의를 동일한 적으로 인식하게 된다. 이때 반종교에 관련된 책자, 영상물들이 등장하면서 북조선기독교연맹은 1960년부터 사라져 버렸다.

2) 북한의 종교: 김일성 – 김정일 – 김정은

1972년에 다시 북조선기독교 연맹과 평양신학원이 재개된다. 1983년에는 찬송가와 신약성경이 출판되었고 1984년에는 구약성경이 출판되었다. 1988년에는 조선기독교도 연맹에 의해 봉수교회가 세워지고 1989년에 칠골교회가 건립되어 1992년에 증축되었다. 또한 520여 개의 가정교회가 존재한다고 알려졌지만, 북한의 공식 교회를 인정하는 것은 또 다른 문제가 있다.

북한의 봉수교회 리성숙 전도사의 인터뷰 내용에 의하면 "과학의 시대에 예수가 죽었다가 다시 살아났다는 것을 절대 믿지 않는다. 하나님이 곧 김일성 주석이라고 생각하며 교회에서 늘 김일성 주석을 더 잘 믿고 더 잘 섬기겠다는 다짐을 한다."고 한다. 이러한 내용을 참조해 보면 북한의 공식 교회는 기독교의 교리와 빗나가는 것을 알 수 있다.

김일성종합대학 총장 재직 당시 '종교학과'를 만들었던 황

장엽 전 조선로동당 비서는 이렇게 말한다. "김일성대학에 종교학과를 만든 것은 종교를 허용하자는 뜻이 아닙니다. 외국과 남한에 '우리도 종교가 있다'라는 것으로 위장하고 종교 믿는 사람들을 속이기 위해 즉 대남 사업을 위한 것이었습니다. 종교학과 다니는 사람 중 종교 믿는 사람은 하나도 없습니다. 조그련 강영섭 위원장 역시 마찬가지입니다."

북한의 사회주의 헌법 제68조는 신앙의 자유를 규정하고 있다. "공민은 신앙의 자유를 가진다. 이 권리는 종교건물을 짓거나 종교의식 같은 것을 허용하는 것으로 보장된다. 누구든지 종교를 외세를 끌어들이거나 국가 사회질서를 해치는 데 리용할 수 없다."라고 규정하고 있다. 북한은 신앙의 자유를 보장하고 있다고 주장하지만 실제로는 종교의 자유는 없고 기독교를 통제하고 탄압하고 있다.

북한에 가서 복음을 전할 수도 없다. 기독교를 믿거나 전하는 것은 죽음이다. 북한의 신은 오직 김일성-김정일-김정은이기 때문이다. 그들은 북한의 교주이다. 북한 주민들에게는 김일성을 "믿을 것인가 믿지 않을 것인가 하는 선택의 자유가 개인에게 주어지지 않는다. 북한에 태어난 사람이라면 필연적 운명적으로 믿어야 할 '절대 의무'가 주어진다. 그것을 믿어야만 목숨을 유지하며 살아갈 수 있다."[27] 만약 김 부자에 대해 믿지 않거나 막말을 일삼으면 신성 모독죄와 같이 존엄 모독죄로 사형 또는 정치범 수용소에 수감된다.

18년에 걸쳐 북한을 150번이나 방문하며 하나님의 사랑을 삶으로 실천한 임현수 목사는 "김일성 대신 하나님을, 김정일 대신 예수님을, 당 대신 교회를 세워야 하며 43,000개의 혁명사적관을 교회로 만들어야 한다."라는 강의를 한 후 북한의 인터넷 검열에 발각되어 '최고 존엄 모독죄'로 949일을 북한의 감옥에 수감되었다가 하나님의 기적으로 풀려났다.[28]

그럼에도 현재까지 구금된 김정욱, 김국기, 최춘길, 고현철, 김원호, 함진우, 장문석 이들 중에 세 명의 선교사는 북한 주민과 탈북민을 도운 죄밖에 없다. 이들 또한 국가전복음모죄로 기소되어 무기 노동교화형이 선고되어 매주 6일 동안 하루에 10시간의 힘든 노동으로 하루하루 살아가고 있다. 이들이 자유의 땅 대한민국으로 안전하게 돌아오도록 기도해야 한다.

3) 하나님이 보우하사 우리나라 만세

대한민국은 "하나님이 보우하사 우리나라 만세" 애국가의 가사와 같이 하나님께서 대한민국을 일제 식민지로부터, 북한의 공산정권으로부터 지켜 주셨다. 기도하는 이들로 인해 한국 교회는 영적 성장을 이루었고 오늘날의 자유민주주의 대한민국이 있다는 것을 의미한다. 북한도 북한의 종교 탄압으로 인해 북한 지하 교회도 영적 성숙을 이루어 하나님 앞에 순결한 신부들로 나아갈지도 모른다.

고난이 축복인 이유는 고난 가운데서도 하나님은 함께 하시고 믿음의 사람들을 지키시고 보호하시고 구원하시기 때문이다. 하나님께서 반드시 승리하신다. 모든 이름 위에 뛰어난 그 이름은 예수 그리스도이시다. 거짓된 우상들은 반드시 무너질 것이다. 김부자의 우상들이 무너지고 북한 땅에도 하나님께서 기뻐하시는 교회가 세워지고 묶인 자들이 자유롭게 되어 함께 하나님을 간증하며 예배드릴 그날을 위해 기도한다.

Part 2
북한 이해

1장. 주체사상과 기독교

1) 주체사상

북한 사회는 거대한 종교집단이다. 다만 유물론적 관점에서 인간을 중심으로 하는 주체사상을 근간으로 한다는 점이 다르다. 주체사상은 김일성을 우상화하는 이념이다. 이 점에서 주체사상과 기독교를 직접 비교하는 것은 말도 안 된다. 하지만 주체사상과 기독교는 유사한 점이 많다. 북한의 김일성은 기독교의 우상화와 세습, 독재를 정당화하기 위해 기독교를 모방해 주체사상을 만들었다. 따라서 북한을 이해하기 위해서는 먼저 '주체사상'을 이해하는 것이 중요하다.

북한의 주체사상은 정치·경제·사회·문화·외교·군사 등 모든 분야에서 유일한 지도 이념으로 삼고 있다. 주체사상은 북한의 모든 사상과 규범과 법 위에 있는 초법적인 최고 통치 이념이다. 주체사상은 이론적으로 좁은 의미와 넓은 의미가 있다. 좁은 의미의 주체사상은 철학적 원리, 사회 역사 원리, 지도적 원칙으로 구성되어 있다. 1982년 김정일이 "주체사상에 대하여"를 발표하면서 체계화되었다.

철학적 원리는 "사람은 모든 것의 주인이며 모든 것을 결정한다. 혁명과 건설의 주인은 인민대중이며 혁명과 건설을 추동하는 힘도 인민대중에게 있는 것인 만큼 새 사회 건설에서는 마땅히 인민대중의 힘을 믿고 의거하여야 한다. 자주적인 새 사회를 하느님이 건설하여 줄 수는 없다. 사람들의 생활과 필요한 물질적 재부도 사람만이 창조할 수 있다."[29]는 인본주의 사상과 "사람은 자주성과 창조성, 의식성을 가진 사회적 존재"라는 두 개의 강령을 중심으로 이루어진다.

이 두 강령은 주체사상의 전 체계를 규정하게 된다. 그리고 사회 역사 원리는 바로 이 철학적 원리에 기초해서 "인민대중은 사회 역사의 주체이며 옳은 지도를 받아야 한다."라는 것과 지도적 원칙에서 옳은 지도는 1.사상에서 주체인 김일성의 교시와 조선로동당의 유일사상 체계를 전문으로 하여 2.정치에서 자주 3.경제에서 자립 4.국방에서 자위를 통해 수령의 지도를 받는 인민대중만이 역사의 주체가 될 수 있다는 것이다. 바로 이 교리를 통해서 주체사상은 혁명적 수령관, 사회정치적 생명체론 등 김일성-김정일-김정은의 개인숭배를 합리화하는 이론들을 파생시켜 왔다. 그리고 더 넓은 의미에서 주체사상은 김일성주의라고도 부른다. 이 김일성주의는 좁은 의미의 주체사상에 혁명이론과 영도 방법을 더해서 이루어진 전일적인 체계로 설명된다.[30]

주체사상은 1986년 사회정치적 생명체론으로 발전됐다. 사회정치적 생명체론이란 인간사회를 살아있는 유기체에 비유하여 설명하는 것으로 북한 사회는 수령과 로동당, 인민대중이 하나가 되는 일사불란한 조직체라고 주장한다. 여기에서 수령은 유기체의 머리에 해당하며 로동당은 심장이고 인민대중은 몸의 각 부분에 해당한다. 인민대중은 집단주의적 생명관에 기초하여 이 집단의 최고 뇌수인 수령의 지시를 절대적이고 무조건 따를 때만 사회정치적 생명을 소유할 수 있다고 설명한다. 사회정치적 생명은 영생한다고 주장한다."[31]

1986년에는 수령론과 집단주의 사회조직원리를 결합한 사회정치적 생명체론으로 발전함으로써 인생관과 종교적 차원으로 진화했다.

1987년에는 '혁명적 수령관'과 '사회주의 대가정론'을 제시하여 수령을 어버이로 섬기도록 집마다 사진을 걸어 놓고 우상처럼 떠받들게 했다. 개인 가정의 상위 개념으로 사회주의 대가정을 우선순위에 두게 하여 개인 가정들을 파괴하면서 수령 독재에 의한 수령절대주의를 더욱 강화했다.[32] 김정일 사망 이후 2012년 헌법에 기존의 김일성주의를 김일성-김정일주의로 확대하여 사용하고 있다.[33]

북한의 전 지역에 김일성과 김정일의 영생탑을 건립하고 동상을 세우고 금수산태양궁전에 미라를 보존하는 등 수령 숭배를 지속하고 있다. 이는 북한 주민들이 김일성과 김정일을 영원히 모시고 받들어야 할 영생하는 신으로 여기도록 하여 세습의 정당화와 독재의 정당화를 위한 목적으로 해석된다.

2) 주체사상과 기독교 비교

수제사상이 기독교와 형식 및 윤리 면에서 비슷하다는 점은 "KAL기 폭파 사건으로 체포된 김현희는 북한에서 김일성을 하나님으로 숭배했다고 고백하면서 자기 삶에서 김일성의 존재를 빼놓는다는 것은 기독교인에게서 하느님의 존재를 빼놓는 것과 마찬가지라고 회고했다. 그녀는 성경의 '하나님 아버지' 자리에 '어버이 수령'을 대신 집어넣는다면 이제까지 북한에서 교육 받아 온 것과 다르지 않으며 성경을 읽는 데도 어려움이 없다고 한다."[34]

"형이상학적인 신이 예수라는 인간으로 성육신함으로써 눈에 보이는 하나님으로 이 땅에 오셨듯이 김일성은 공산주의라는 절대적 가치를 이 땅에 실현하는 중재자이면서 동시에 신적인 존재로 인식되고 있다. 김일성이 기독교의 하나님과 완전히 같다고 볼 수는 없지만, 김일성이 사망한 이후 '보이지 않는' 김일성에 대해 점차 기독교의 하나님과 같은 존재로 주체사상의 이론을 발전시킬 가능성도 없지 않다."[35]

기독교에는 십계명이 있고 북한에는 당의 유일사상 체계 확립의 10대 원칙이 있다. 기독교에는 성경이 기준이고 북한에서는 김일성의 교시나 김정일, 김정은의 말씀이 기준이다. 또한 기독교에는 교회에서 예배가 있다면 북한에서는 각 강의실 안에서 생활총화나 김일성주의연구실 안에서 교양 및 경건 의식이 있다. 생활총화는 김씨들의 찬가로 시작하고 김일성의 교시나 김정일, 김정은의 말씀으로 자기 삶을 비추어 회개하고 새롭게 살 것을 적용한다. 또한 그 교시나 말씀을 기준으로 타인을 비판한다.

북한의 교양 환경은 장소나 분위기 그리고 김씨 찬양이나 김씨 말씀 낭독 등 인간의 변화를 추구하는 방식들은 기독교와 닮아 있는 부분이 많다. 그래서 탈북민들은 한국교회에서 북한의 김일성 찬가를 대상을 하나님으로 바꾸어 부르기도 한다. 예를 들어 북한의 김일성 찬가의 가사 중 "하늘처럼 믿고 삽니다. 장군님(하나님)을 믿고 삽니다. 천년 세월 흐른대도 우리의 장군님(하나님)만을." 북한에서 지칭하는 장군은 북한에서도 신으로 인식하는데 굳이 기독교에서 북한의 김일성 찬가를 개사해서 불러야 할 이유가 있을까? 이는 세속적인 것과 신천지 이단을 교회가 차단하듯이 북한의 찬가 가사는 편곡하더라도 멜로디를 읊조려야 하는 이유가 있을지 기도하면서 고민해 볼 문제이다. 찬송가, CCM 신곡도 많은데 굳이 북한의 찬가를 개사해서 부르는 이유가 있을까?

한 탈북민은 주체사상과 기독교에 대해 이렇게 말했다. "북한의 김일성이나 기독교가 뭐가 다르오. 나는 같다고 생각하오. 김일성도 자기를 숭배하라는 것이고 기독교도 하나님만 숭배하라는 것인데 보이는 하나님도 못 믿었는데 보이지 않는 하나님을 어떻게 믿소? 한 번 속지 두 번 속지는 않겠소. 당신도 알지 않소?"

북한의 조직 생활과 독재체제로 인해 고통을 겪은 일부 탈북민들은 한국 교회에서도 비슷한 조직 생활이나 환경을 볼 때 북한과 별반 다르지 않다고 판단하고 교회를 떠나기도 한다.

북한 정부의 반종교 정책으로 기독교에 대한 부정적 인식이 있는 탈북민들은 한국에 와서도 기독교 복음을 받아들이기까지는 오랜 시간이 필요하다. 교회가 먼저 복음의 본질을 회복하고 예수님의 가르침을 삶으로 실천해야 한다. 기독교는 북한과는 차원이 다르다는 것을 말로만이 아니라 삶으로 보여 주어야 한다.

2장. 북한의 우상화와 공포정치

1) 북한의 우상화와 공포정치

1994년 김일성 사망하기 전 당시 북한 주민들은 남과 북의 통일이 곧 이루어질 것만 같았다고 한다. 그 이유는 1994년 6월 15일 판문점을 넘어 북한을 전격 방문한 카터 전 미국 대통령과 김일성의 만남 그리고 그 이후의 남북정상회담 추진이다. 두 정상은 핵 문제 해결을 위한 협상을 진행하는 한편 남북정상회담을 1994년 7월 25일 평양에서 개최하기로 합의했다. 그러나 남북정상회담을 17일 앞둔 1994년 7월 8일 김일성의 사망으로 남북정상회담은 무산되고 말았다. 이로 인해 북한 주민들은 통일의 희망을 잃고 실망감에 빠졌다.

김일성의 사망 이후 북한의 일부에서는 김일성이 핵을 포기하고 시민들의 식생활을 해결하기 위해 남북정상회담을 추진했으나 아들 김정일이 이를 알아채고 아버지를 독살했다는 설이 돌았다. 그러나 이는 어디까지나 추측일 뿐 사실적 근거가 없으므로 단정 짓기는 어렵다. 분명한 것은 김일성이 사망했고 이로 인해 김일성이 말했던 북한 주민들에게 비단옷을 입고 기와집에서 흰쌀밥과 고기국을 먹게 될 것이라는 희망은 김일성 사망과 동시에 사라졌다.

김정일은 북한 주민에게 김일싱 우상화 작업을 통해 독재 세습을 고착했다. "식량난 속에서도 김부자 우상화물은 계속

건립됐다. 94년 김일성 사망 후 김일성을 미라로 만들어 유리관 안에 보관한 금수산기념궁전에 9억 달러를 사용했다. 9억 달러면 3년 치 옥수수를 살 수 있는 돈이다. 거리에선 하루에도 수천 명이 굶어 죽어가고 있을 때 김정일은 3년 치 식량을 팔아 김일성 미라 궁전을 지었다. 땅에 묻어 썩어질 시체를 유리관 안에 넣어놨으니 관리하기가 여간 어렵지 않을 것이다. 온도와 습도까지 잘 맞춰야 한다. 따라서 김일성 미라 관리는 많은 돈이 든다. 한국 돈으로 약 11억 원. 김일성 생일인 4월 15일 태양절에는 잔치 비용만 450억 원이 든다고 한다. 죽은 김일성 치장에 살아 있는 북한의 주민은 죽어간다."[36]

김일성 사망 이후 배급제 붕괴로 인해 북한 전역을 통제하던 노동당 조직이 무너지고 보위부와 사회안전부마저 통제를 포기하게 되었다. 이에 김정일은 '선군정치'라는 구호를 내세우며 북한의 국가와 군대를 통합하여 군사적 독재를 강행했다. 선군정치란 "군사를 국사 중의 제일 국사로 내세우고 권력 강화에 나라의 총력을 기울이는 군사 선행의 정치"를 의미한다.[37] "군대는 곧 당이고 국가이며 인민"이라 칭하는 선군 정치론은 북한의 혁명과 건설의 주체 세력이 군대라는 것이다. 북한은 2010년 개정한 노동당 규약에서 선군정치를 사회주의 기본정치 양식으로 규정하였다.[38]

군대가 민간 통제를 맡게 되었고 이에 반하는 사람들은 총살되거나 구타하는 등 공포정치가 자행되었다. 김정일은 이러한 공포정치를 통해 김일성의 유훈을 받든다는 명분으로 자신의 통치를 정당화했다.

2) 공포정치가 북한 주민에게 미치는 영향

 선군정치의 부작용으로 인해 북한 전역에서 민간 피해가 속출했다. 군인들이 민간의 재산을 약탈하는 일들이 비일비재했고 군인들이 달라고 하면 무엇이든 내주어야 목숨을 부지할 수 있었다. 군인들은 지나가는 자동차를 세우고 돈이 될 수 있는 것을 빼앗았고 내어 주지 않으면 달려들어 때렸다. 이러한 현상이 일어나자, 제대군인들도 군복을 입고 강도로 변장하여 약탈했고 북한 정부는 '경무원'을 내세워 부대 밖에서 행동하는 군인의 규율을 단속하여 잡아가기도 했다.
 고난의 행군 이후로 시장으로 몰려든 북한 주민들은 다양한 영역에서 장마당을 이용해 생계를 이어갔다. 선군정치 시대에 가장 위험한 사업 영역은 유통업이었다. 일명 북한에서는 '달리기'라고 불렸다. 북한의 대중교통이 열악했다. 전기 사정으로 인해 전기기관차가 정상적으로 운영되다가 정전이 되면 며칠씩 멈춰 있는 일들이 비일비재하게 일어났다. 그럴 때면 '써비차'를 이용하거나 그마저도 없으면 며칠을 걸어야 했다. 그때 군인들이 달려들어 약탈을 강행했기 때문에 달리기들은 항상 군인들을 끼고 장사를 하거나 군인들에게 줄 수 있는 뇌물을 항상 가지고 다녀야 했다.
 북한 주민들을 통제하던 배급제가 붕괴하자 많은 사람이

굶어 죽었다. 생존을 위해 풀을 뜯어 먹거나 사기나 도둑질을 통해 생계를 유지했다. 이 과정에서 국가 재산을 침해하는 경우도 생겼다. 북한 정부는 민간 통제가 불가능해지자 사형 제도를 부활시켰다. 어린 학생들부터 어른들까지 집단으로 공개 장소에 집합시켜 공개 총살하는 모습을 보여 주었다. 북한 정부의 말을 따르지 않으면 총살당할 수 있다는 두려움을 심어주기 위한 현장 교육으로 활용되었다. 결국 북한 정부는 외부의 적을 미국에 돌리는 것뿐만 아니라 내부에 힘을 가해 북한 주민에게 공포정치를 통해 군사적 독재를 강행했다.

북한 주민들은 생존하려면 거짓 신념 속에 갇혀 예기불안 악순환 메커니즘인 사디즘과 마조히즘의 이중 구조 속에서 살기 위해 거짓말을 해야 하는 사회가 북한 사회임을 고발하고 있다. 이러한 삶은 마치 칼날 위에서 춤을 추는 것 같은 극도의 불안과 공포 상황에 놓이는 삶이며 이런 환경에서는 진정한 자신으로 기능할 수 없음을 보여 준다.[39]

북한을 비판하거나 김정은 일가를 욕설하거나 정치적 망명을 한 사람을 정치범으로 간주하여 정치범 수용소에 수감한다. 북한의 정치범수용소는 1947년 처음 세워진 이래로 현재까지 6개소가 운영되고 있으며 2011년 기준으로 약 15만 4천 명이 수감되어 있는 것으로 알려졌다.[40]

그 중의 기독교인은 5만~7만 명으로 추정하고 있다.[41] 또한 교화소, 노동단련대를 도, 시, 군 단위로 만들어 북한 정부의 뜻에 따르지 않고 사상이 불순한 자들을 교화하는 형태로 운영하고 있다.

 북한 주민을 하나의 집단으로 만들어 통제하기 위해 기관별로 묶어서 생활총화를 통해 서로서로 비판하고 감시하도록 했다. 5호담당제를 3호 담당제로 변경해 서로의 감시를 강화했다. 북한 주민들은 약간의 일탈만 해도 즉각적으로 고발 조치하게 되어 있다. 이를 위해 인민반 등의 최소 단위부터 그 이상의 조직에 이르기까지 끊임없는 감시와 신고 시스템으로 운영되고 있다.

 북한 주민들에게는 종교의 자유, 여행의 자유, 거주 이전의 자유, 집회의 자유 등 자유를 누리지 못하며 살아가고 있다. 이들이 북한에서 경험한 세계가 북한 내에서뿐만 아니라 탈북한 이후에도 과거에 겪었던 트라우마로부터 쉽게 벗어나지 못하는 것을 보게 된다. 이러한 현상은 북한의 폭압적 정권이 빚은 결과물들이다.

3장. 북한의 장마당과 개인주의

북한 주민들은 매일 같이 "당이 결심하면 우리는 한다!"라는 구호를 외친다. 이는 당을 믿고 따르도록 유인하는 것이다. 그러나 수령과 당을 믿고 따랐지만 그들의 목숨을 지켜주지 않는다는 것을 고난의 행군 기간에 깨닫게 되었다. 북한 주민들은 살아남기 위해 가정에서 팔 수 있는 중고 물품을 가지고 장마당에 나가 물물교환하거나 돈으로 팔아서 식량을 구매했다. 그렇게 늘어난 중고 물품 매대[42]는 줄이 보이지 않을 정도로 길게 늘어섰다.

정부의 기능이 유명무실해지자 사람들은 시장을 의존하게 되었고 직접 생필품을 제조하거나 생산하여 유통, 판매했다. 수요보다 공급량이 부족하므로 물가는 폭등하기 시작했다.

재난으로 인해 식량 부족 현상이 발생하자, 돈 많은 사람들은 식량을 사재기하기 시작했다. 하지만 청진항이나 남포항에 쌀이 들어왔다는 소식이 전해지면, 식량이 풀리기 전에 장사꾼들은 사재기한 식량을 장마당에 싸게 내놓았다. 대한민국에서 보낸 사랑의 쌀, 유엔에서 보낸 영양가루, 중국에서 보내진 안남미 등이 시장에 유통되기 시작하면서 5배 이상 올랐던 식량 가격은 안정을 찾았다.

생필품도 90%가 중국산으로 암시장을 통해 유통되었다. 북한 공장에서 기계를 제조하여 개인이 가공하여 파는 술, 담배, 신발 등 '임가공' 혹은 '8.3'이라고 부르는 북한식 짝퉁이 시장에 유통되기 시작했다. 임가공 제품들은 북한 공장에서 나온 신발보다 생고무를 적게 넣어 오래 신을 수는 없지만, 디자인 면에서 우월하여 공장 신발보다 인기가 높았다. 중국에서 들어오는 신발(노란바닥)은 가격이 비쌌지만 오래 신을 수 있어 북한 신발 몇 켤레를 신는 것보다 더 값어치가 있었다. 그러나 노란바닥을 신으면 신발이 썩는다는 말까지 돌았지만 이는 근거 없는 내용으로 국산 제품을 팔기 위한 유언비어인 것 같았다.

의학 제품도 병원에서 의사가 약 처방만 할 뿐 모든 약 거래는 시장에서 이루어졌다. 약품도 북한산과 중국산으로 나뉘었는데 페니실린, 항생제[43] 같은 약은 북한산이 북한 주민에게 더 효과가 있었다. 하지만 북한산에도 정품과 짝퉁이 있어 가격 차이가 크게 났다. 하지만 이마저도 없으니 약은 부르는 게 값이 되었다. 열병, 파라티푸스 등 북한 약으로는 대체할 수 없는 약은 중국에서 제조된 떼뜨라찌끌린, 뜨보찐, 전통편 등이 가장 많이 팔렸다. 또한 많은 사람이 먹지 못하고 우울증으로 잠을 잘 수 없자 잠자는 약 디아제팜을 많이 찾았다. 하지만 북한식 약은 효과가 약해 약을 정량을 넘어 복용해도 약 효능이 없었다. 어떤 사람은 죽으려고 잠자는 약 디아제팜 한 통을 먹었는데 죽지 않았다고 항의하는 사람도 있었다.

북한 정부에서는 장사하지 못하도록 규제했고 매일 같이 "비사회주의 그루빠"를 만들어 장사하는 사람들을 단속했지만, 북한 주민들은 그들의 말을 듣지 않았다. 그들의 눈을 피해 가며 장사를 했고 잡히면 뇌물을 주고 장사를 했다. 이때 "안전부[44]는 안전하게, 보위부[45]는 보이지 않게, 당일꾼[46]들은 당당하게, 노동자들은 노골적으로 해 먹는다"라는 비속어가 나왔다. 그리고 이때 사회주의를 지향하는 "노동당"과 반대되는 "장마당"이 있다는 말도 북한 주민들 사이에서 돌았다.

북한 정부는 늘어나는 시장과 민심의 여론을 잠재울 수 없었다. 그래서 2002년 7월 1일, '7·1 경제관리개선조치'를 통해 대폭적인 물가 인상과 급여 인상, 배급제도의 변화, 환율 현실화, 가격 책정 등 국가가 시장을 인정하면서 대대적인 변화가 시작되었다.

북한은 7.1 경제관리개선조치를 통해 경제난을 해소하고 성장을 도모하고자 했으나 수요보다 물자 공급 부족 현상으로 인해 인플레이션은 걷잡을 수 없었고 오히려 빈익빈 부익부의 양극화 현상에 시달리게 되었다. 이러한 현상을 잠재우기 위해 2009년 11월에 화폐교환을 통해 화폐 개혁 조치를 단행했다.

구권 100원을 신권 1원으로 교환하고 세대당 교환할 수 있는 금액을 10만 원으로 제한함으로써 불합리한 규칙이 북한 사회에 충격을 불러일으켰다. 이 사건 이후로 북한 주민들은 자국 화폐에 대한 신뢰를 잃게 되면서 중국 돈 위안과 미국 돈 달러로 시장 거래가 이루어지게 되었다.

북한은 시장의 역할이 중요해짐에 따라 모든 정보가 시장을 통해 공유될 정도가 되었다. 북한 주민들의 시장 의존도가 높아지면서 군을 제외한 북한 주민들은 시장을 통하지 않으면 살아남기 어려워졌다. 그 시대를 경험한 10~30대들은 북한식 자본주의를 경험하며 국가 의존도보다 오히려 돈과 시장을 의존하는 경향으로 바뀌게 되었다.

북한은 자본주의의 산물인 시장경제를 허용하지 않으려 했지만 결국 북한 내수 시장을 허용하게 되었다. 이에 북한은 북한식 사회주의, 또는 북한식 자본주의 방식으로 살아가고 있다. 또한 집단주의 속에서 개인주의를 배제하고자 했지만 고난의 행군 이후로 개인주의가 확대되었다.

4장. 북한의 월급과 배급

 북한을 이해하기 위해서는 북한의 월급과 배급을 이해해야 한다. 북한의 월급과 배급은 자본주의 시스템과는 달리 사회주의 국가 시스템으로 이해할 수 있다. 한국에서는 노동하면 고용주로부터 월급을 받지만, 북한에서는 노동하면 국가로부터 식량을 배급받고 부식물을 살 수 있는 소정의 월급을 받는다. 따라서 북한의 고용주는 결국 국가라고 할 수 있다. 정부가 주민들의 생존을 통제하기 때문에 배급을 주지 않으면 굶어 죽을 수밖에 없다. 이러한 점은 북한의 전체주의가 자본주의 시장경제와는 근본적으로 다른 이유이다.

 북한의 국정 가격은 시장에서 수요와 공급으로 결정되는 합리적인 가격이 아니라 국가가 임의로 정한 낮은 가격이다. 따라서 국정 가격으로 월급을 받으면 시장에서 쌀을 살 수 없을 정도로 낮은 임금을 받는다. 이러한 이유로 과거에는 월급의 의미가 사라졌다.

 배급도 마찬가지이다. 노동에 따라 일인 세대주 기준(700g~900g)과 부양가족 수(300g~500g)에 따라 배급표를 기관기업소로부터 받는다. 배급소에 가서 배급표와 국정 가격의 식량 값을 지급하고 식량을 받아야 한다. 하지만 국가에 쌀이 부족하여 한달치 배급표를 내고도 이삼일 치 배급만 받는 경우가 많았다. 따라서 배급표도 그저 종잇장에 불과했다.

 고난의 행군을 거치면서 배급제도는 점차 사라지고 시장

경제가 확장되었다. 배급을 의존하던 사람들은 굶어 죽었고 발 빠르게 시장경제에 적응한 사람들은 살아남았다. 이러한 과정에서 사회주의 교육과는 어긋나는 자본주의 경제관을 가진 사람들이 살아남게 되었다.

고난의 행군 이후 북한 사회에서는 생존이 최우선 가치로 자리 잡았다. 사회주의 방식으로 살아남든, 자본주의 방식으로 살아남든, 살아남는 자가 영웅이 되었다. 이는 사기, 도둑질, 장사 등 무엇을 해서든 살아남는 자가 승리자였다. 이는 착하고 고지식한 사람들과 노인과 어린 아이들이 너무 많이 굶어 죽었기 때문이다.

교사들도 학교에서는 학생들을 가르쳤지만 집으로 돌아와서는 부엌에 돼지를 키우거나 술장사하면서 생계를 유지하는 사람들도 적지 않았고 심지어 교사직을 내려놓고 시장으로 뛰어들기도 했다.

배급은 북한 주민들의 생명줄과도 같은 것이었는데 시간이 지나면서 북한 주민들은 국가의 배급에 의존하지 않았고 시장을 의지했다. 이는 사회주의에서 자본주의로 바뀌어 가고 있는 대목이다.

하지만 북한 남성들은 군대에서 제대하면 귀가시키지 않고 북한 정부가 광산으로 집단 배치했다. 광산에 배치된 사람들이 열악한 환경에서 살아남는 것은 기적에 가까웠다. 이에 정부는 광산에 있는 노동자들에게 배급과 월급을 다시 주기 시작했다. 2002년 7월 1일 경제관리개선조치 이후에는 월급이 몇 배로 올랐고 노동을 통한 월 계획 달성에 따라 월급에도 차이를 두고 지급했다. 배급도 배급표와 시장가격의 절반 정도의 돈을 내고 배급받게 되었다.

농촌도 협동 농장으로 같이 일해서 분배하는 방식이었으나 분조별로 지역을 나누고 월 계획 달성에 따라 국가에 일정 비율을 내고 나머지는 분조의 개인들에게 나누어 주었다. 그러나 계획을 달성하지 못했을 경우 분조장은 감옥에 가서 잠시 구금되거나 처벌받아야 했다. 그렇게 북한의 제도는 조금씩 바뀌어가고 있다.

5장. 북한의 세대 구분

북한의 세대 구분은 '김일성 사회주의 세대', '김정일 장마당(자본주의) 세대', '김정은 장마당(자본주의) 세대'로 구분할 수 있다.

1) 김일성 사회주의(배급) 세대

김일성 사회주의 세대는 프롤레타리아 무산 계급을 중심으로 노동자와 농민이 국가의 핵심이 되어 수령에게 종속되는 시대이다. 북한 사회를 해방 전부터 세대 구분으로 나눌 수도 있겠지만 김일성-김정일-김정은 3대 세습을 중심으로 세대 구분을 지으면 좀 더 명확하게 북한을 이해할 수 있다. 1994년 김일성 사망 이전을 경험한 세대와 그 이후의 세대는 구분되는 특징이 있다. 배급을 공급받았던 세대와 배급이 끊긴 세대로도 나눌 수 있지만 김일성에 대한 향수가 있었던 세대이다. 탈북민 중에는 김정일, 김정은을 비난해도 김일성은 비난하지 않는 경우가 있다. 김일성 시대는 사회주의의 맛을 본 시대라고 해도 과언이 아니다. 배급이 끊긴 적이 없으니 말이다. 무료교육, 무상치료, 무상보장[47]과 같은 사회주의 복지를 조금이라도 누려봤던 세대이다. 그래서 그 시대를 살았던 사람들의 문헌에는 북한에 대한 긍정적인 추억과

향수가 담겨 있다.

북한은 김일성 주체사상을 바탕으로 수령과 당을 위한 종속적인 존재로 만드는 사회주의형 인간을 만들기 위해 노력해 왔다. 김일성의 모든 말은 북한의 집단주의 중심이 되었고 그는 북한 주민에게 흰쌀밥과 고깃국, 비단옷과 기와집에서 살게 해주겠다는 약속을 했다. 북한 주민들은 이러한 약속을 믿고 김일성에 충성을 맹세했다. 더 나아가 김일성을 믿으면 누구나 잘 살 수 있는 공산주의의 이상향이 실현될 것이라는 환상을 갖게 했다. 그러나 김일성 사망 이후 많은 것이 붕괴하였고 김일성을 믿고 따랐던 북한 주민들의 꿈은 한순간에 사라지고 말았다.

2) 김정일 장마당(자본주의) 세대

1994년 김일성 사망 후, 고난의 행군을 경험한 세대가 김정일 장마당(자본주의) 세대라고 할 수 있다. 고난의 행군이 시작되면서 식량난과 북한 교육 체계의 일시적 붕괴로 인해 약 5세에서 15세의 청소년들이 정규적인 교육을 받지 못했다. 가정 해체로 인해 길거리로 내몰리거나 대량 탈북으로 인해 교육받지 못한 유일한 세대이기도 하다.

필자가 그 경우이다. 필자의 세대는 북한에 대한 좋은 추억이나 향수가 별로 없다. 오히려 집단생활 속에서 공포정치, 총살 집행 모습, 선군정치로 위장한 호랑이 가죽을 쓴 무

차별한 군인들, 굶어 죽어가는 친구, 친척, 가족 등의 아픈 기억으로 가득하다.

고난의 행군으로 인해 국가의 식량난이 심화하면서 배급제도는 사실상 붕괴되었다. 현재 북한은 지역에 따라 차등을 두어 배급제도를 일부 시행하고 있지만 김일성 시대와는 비교할 수 없을 정도로 규모가 축소되었다.

3) 김정은 장마당(자본주의) 세대

김일성 사회주의 세대는 1994년 이전, 김정일 장마당(자본주의) 세대는 1994년 이후, 김정은 장마당(자본주의) 세대는 2000년 이후로 구분할 수 있다. 2000년 이후에 태어난 탈북 청소년들에게 '고난의 행군'을 설명하면서 세대 차이를 느끼게 되었다.

북한에서 '고난의 행군'은 북한에서뿐만 아니라 세계에서 유일무이한 최악의 기간으로 기억되었다. 이때부터 북한의 모든 시스템이 흔들리기 시작되면서 정치적 이념과 사상이 무너졌고 사회주의가 아닌 북한식 자본주의 방향으로 나아가고 있다.

김정은 장마당 세대는 김일성 사회주의 세대, 김정일 장마당 세대와와 다른 차이를 보인다. 김정일 장마당 세대는 식량난으로 인해 학교에 다니지 못하면서 북한의 정규 교육을 받지 못한 경우가 많이 있다. 따라서 북한의 주체사상, 수령론, 유일사상 10대 원칙, 북한의 애국가 등 북한에 대해 잘 모르는 경향이 있다.

2012년 김정은 체제가 시작되어 "쌀밥에 고깃국을 먹고 기와집에 사는 것"을 경제의 목표 수준으로 삼아왔다. 김정은이 공개 연설에서 "북한 주민들의 허리띠를 더 이상 졸라매지 않도록 하겠다."라고 약속했다. 그리고 수단과 방법을 가리지 말고 농업이나 경공업 분야의 생산성을 높이는 방안을 강구하라는 지시를 내렸다.

김정은 장마당 세대는 김정일 장마당 세대와 달리 신체의 키가 비교적 크다. 고난의 행군 이후로 남한의 햇볕정책 지원과 NGO 국제 원조, 장마당에 의존하면서 북한 주민들의 삶이 조금씩 나아지기 시작했다.

북한의 지역[48]마다 차이가 있지만 필자가 중국에서 2년에 한 번씩 북한에 들어갔는데 그때마다 놀라지 않을 수 없었다. 대한민국 글자가 쓰인 쌀 마대가 버젓이 북한의 전 지역을 돌아다니고 있었고 USA라고 쓰여 있고 미국 국기가 있는 드럼통들이 북한에서 재활용되어 쓰레받기 등 다양한 용도로 사용되고 있었다.

북한의 지역마다 차이는 있지만 필자가 머물렀던 지역에서 배급은 정상적으로 공급되고 있었고 배급받기 위해서는 배급표와 돈을 내게 되는데 시장의 절반 가격을 내야 배급을 받을 수 있었다. 또한 월급도 업무량에 따라 차등을 두어 과거에 비해 많은 돈을 주는 것을 보았다.

김정일 시대의 북한은 외부 정보와 물건을 자본주의의 산물로 간주하여 폐쇄적으로 통제했다. 그러나 김정은 시대에 들어와서는 디즈니 캐릭터 인형 탈을 쓴 연기자들이 등장하는 등 이전과는 달리 개방적인 모습을 보이기 시작했다.

김일성 사회주의 세대와 김정일, 김정은 장마당(자본주의) 세대는 경제 체제, 가치관, 생활 방식 등에서 큰 차이를 보인다. 따라서 이들을 구분하여 이해하는 것이 타당하다. 앞으로 북한에서 주요 역할을 맡게 될 세대는 김정일 장마당 세대(30대~40대)이고 그 다음이 김정은 장마당 세대(10대~20대)일 것이다. 마찬가지로 한국에 정착한 탈북민들도 장마당 세대로 구분되며 김정일 장마당 세대와 김정은 장마당 세대로 나뉜다. 이러한 심층 연구는 북한과 탈북민에 대한 이해를 높이고 북한선교에 도움이 될 것이다.

Part 3
탈북구출과 북한선교

1장. 어두움에서 빛으로 부르심

"그 후에 모세와 아론이 바로에게 가서 이르되 이스라엘의 하나님 여호와께서 이렇게 말씀하시기를 내 백성을 보내라 그러면 그들이 광야에서 내 앞에 절기를 지킬 것이니라 하셨나이다" (출 5:1)

이스라엘 백성들은 기근을 피해 가나안에서 애굽의 고센 땅으로 이주하여 430년 동안 체류했다. 하나님께서는 그들이 애굽에서 체류한 지 430년 만에 모세를 준비시키시고 그를 통해 이스라엘 백성을 약속의 땅 가나안으로 인도하시기로 계획하셨다. 모세는 80세의 나이에 애굽에 있는 이스라엘 백성들을 가나안으로 인도하는 지도자가 되었다. 하나님은 모세와 아론에게 애굽 왕 바로에게 가서 말씀을 전하라고 하신다. "이스라엘의 하나님 여호와께서 이렇게 말씀하시기를 내 백성을 보내라 그러면 그들이 광야에서 내 앞에 절기를 지킬 것이니라."[49]

하나님의 목적은 이스라엘 백성들이 하나님 앞에서 율례와 절기를 지키며 하나님을 예배하는 것이었다. 이스라엘 백성들은 애굽에서 바로의 힘에 복종하며 하나님보다 바로의 힘을 믿었다. 모세가 바로에게 하나님의 말씀을 전했지만, 바로는 이스라엘 백성을 순수하게 보내 주지 않았다. 오히려 이스라엘 백성들을 더 핍박했다.

이스라엘 백성들도 모세를 원망했다. 그 이유는 바로가 이스라엘 백성들에게 재료를 주지 않으면서 벽돌을 구워오라고 핍박했기 때문이다. 바로는 이스라엘 백성을 보내 주지 않았다. 왜 바로는 이스라엘 백성들을 보내 주지 않았을까? 성경은 "그러나 여호와께서 바로의 마음을 완악하게 하셨으므로 그들의 말을 듣지 아니하였으니 여호와께서 모세에게 말씀하심과 같더라."(출 9:12)라고 기록하고 있다. 즉 하나님께서 바로의 마음을 완악하게 하셨기 때문이다.

왜 하나님은 바로의 마음을 완악하게 하셨을까? 바로의 완악함은 결국 열 가지 재앙으로 연결된다. 열 번째 장자 재앙은 어린양의 피를 문설주에 바르게 되면 "내가 피를 볼 때에 너희를 넘어가리니."(출 12:13)라고 하셨다. 즉 어린양의 피를 바른 가정은 죽음이 넘어갔다. 유월절 사건을 통해 하나님의 구원이 그 가정에 임하게 되었다. 결국 하나님은 열 가지 재앙, 즉 유월절 사건을 통해 이스라엘 백성들에게 바로가 하나님이 아니라 여호와 하나님만이 하나님이신 것을 드러내셨다.

하나님은 모세를 통해 이스라엘 백성들을 구출하셨다. 북한 주민들도 북한을 탈출하여 중국이나 한국에서 예수님을 믿게 하셨다. 이 일은 우연히 일어날 수 있는 일이 아니다. 하나님의 주권과 하나님의 섭리 속에서 일어나는 하나님의 역사이다.

하나님은 왜 탈북민을 어둠의 땅 북한에서 불러내셨을까? 마치 하나님께서 모세를 부르시고 준비시키신 후 하나님의 백성들을 자유와 해방을 통해 하나님께로 돌아오게 하셨듯이 탈북민들을 부르시고 준비시키셔서 북한에 억압당하고 있는 그들에게 자유와 해방을 통해 하나님께로 돌아오게 하기 위한 하나님의 뜻이 숨겨져 있다.

북한의 김일성-김정일-김정은은 신이 아니다. 오직 예수 그리스도만이 하나님이심을 깨닫게 하기 위한 하나님의 계획이 있다. 그래서 탈북의 과정은 하나님께서 이스라엘 백성들을 출애굽 시킨 사건과 같다고 할 수 있다. 북한의 백성들이 김씨 일가에게서 벗어나 하나님께로 돌아와 회개하여 하나님을 예배하는 예배자들로 세우시기 위함이다. 어둠에서 빛으로 부르심의 역사는 지금도 계속되고 있다.

2장. 목숨을 건 탈북과 자유

1) 탈북하게 된 배경

1994년 7월 8일 김일성의 사망은 북한 주민에게 엄청난 충격이었다. 김일성은 북한 주민에게 태양 같은 존재였기 때문이다. 북한 주민들은 김일성을 신으로 여기며 그가 자신들의 희망이자 구원자라고 믿었다. 1960년대에 한 농민이 김일성에게 "공산주의가 무엇입니까?"라고 물었을 때 김일성은 "흰 쌀밥에 고깃국을 먹고 비단옷을 입고 기와집에서 사는 것"이라고 답했다. 수십 년이 지난 지금도 북한 주민들의 꿈은 여전히 의식주 문제를 해결하는 것이다.

김일성이 북한 주민들의 우상인 이유는 일본을 몰아내고 한국 전쟁에서 미국을 몰아내어 승리한 것이 모두 김일성의 공로가 되었기 때문이다. 김일성은 당과 수령을 믿고 따르면 모두가 잘 사는 나라가 올 것이라고 했다. 그러나 김일성이 갑작스럽게 사망하면서 북한 주민들은 두려움에 휩싸이게 되었다.

1995년과 1996년의 엄청난 수해, 그리고 100년에 한 번꼴로 찾아 온 1997년의 가뭄으로 북한은 식량 부족에 직면하게 되었다. 이에 북한 정부는 초비상 사태를 선언하고 "고난의 행군" 기간을 정했다. 김일성이 항일 유격대로서 일제와 싸우던 시기를 연상케 하면서 북한 주민들은 허리띠를 졸라매고 이 기간을 잘 이겨내야 한다고 강조했다.

하지만 북한 정부는 식량난의 원인을 미국과 남한에 돌렸다. 1994년 3월 3일 한미 양국 군대의 연합군사훈련이 종결되었지만, 북한 정부는 이를 언급하며 미국과 남한의 탄압으로 인해 북한 주민들이 허리띠를 졸라매야만 한다고 선전했다.

한편 북한 정부는 곳곳에 "위대한 수령 김일성 동지는 영원히 우리와 함께 계신다."라는 영생탑을 세웠다. 그리고 거액의 돈을 들여 김일성의 시신을 미라로 보존하고 금수산태양궁전을 지었다. 마치 김일성이 죽지 않고 영원히 살아서 북한 주민들을 지켜 주는 것처럼 형상화한 것이다.

김일성 일가에만 맹목적으로 충성하던 지식층과 노동자층은 배급제도가 무너지자, 대량으로 아사 현상이 일어났다. 국가에서 배급을 주지 않자, 북한 주민들은 살아남기 위해 식량 대용으로 산에서 풀과 나무껍질을 벗겨 먹었다. 북한 주민들은 살아남기 위해 도둑질하고 거짓말을 하며 목숨을 유지했다. 그렇게 살아남은 사람들을 북한에서는 "여우와 승냥이만 살아남았다"[50]라고들 했다. 북한에서 어린아이들과 노인들, 그리고 순진한 사람들은 배급만을 기다리다 굶어 죽었다.

수령만 믿으면 잘 살 수 있다고 믿었던 북한 주민들은 '고난의 행군' 이후로 수령을 신뢰하지 않았다. 사람들은 살아남기 위해 집에서 팔 수 있는 물건들을 장마당에 내다 팔아 식량을 구입했다. 북한 주민들은 당과 수령의 지시에 따르기보다는 장마당에 의존하는 형태로 변화되었다.

북한은 1996년부터 중국에 친척을 둔 사람들에게 친척 방문을 허용했다. 필자도 그해 혜산에서 중국 친척을 만나 도움을 받았다. 중국이 잘산다는 소문이 북한에 급속히 확산하면서 식량에 허덕이던 북한 주민들이 중국 친척 방문을 신청하거나 또는 친척을 찾아, 식량을 구하기 위해 대량 탈북이 시작되었다. 1997년 이후로 대량 탈북이 본격화되었다. 탈북하게 된 배경에는 식량난도 한몫했지만, 수령이 밥 먹여주지 못한다는 것에 대한 배신감도 한몫했다고 볼 수 있다.

2) 탈북 동기

탈북 동기에 대한 2022년 정착 실태 조사를 살펴보면 '북한 체제의 감시·통제가 싫어서(자유를 찾아서)(22.6%)'와 '식량이 부족해서(21.4%)'가 1위와 2위를 차지했고 '가족에게 더 나은 생활환경을 주려고(12.9%)' '먼저 탈북한 가족을 찾거나 함께 살기 위해(9.6%)' '돈을 더 많이 벌고 싶어서(9.4%)' 순이었다.[51]

북한 주민들의 탈북 동기는 식량을 구해 다시 고향으로 돌아가는 것이었다. 그러나 다시 돌아갈 수 없는 강을 건너게 되는 탈북민들이 속출했다. 중국에서도 돈을 구하기가 쉽지 않았다. 그나마 친척이 있으면 도움을 받아 고향으로 돌아갈 수 있지만 친척이 없는 탈북민들은 노동해야 했다. 노동해도 월급을 받지 못하고 공안[52]에 신고되면 억울하게 강제 북송을 당해야 했다.

대부분 여성은 인신매매로 중국 남성들에게 팔려 갔다. 2006년 12월 7일 미국의 북한인권위원회는 탈북민 1,346명을 인터뷰한 '신보고서'를 발표했다. 여기서 탈북 여성의 '인신매매 거래가'가 기록돼 있다. 보고서는 탈북 여성이 평균적으로 중국 돈 1,900위안에 팔려 가고 1,700위안 이하의 가격에 팔리는 이들도 절반에 달한다고 밝혔다. 1,900위안이면 244달러, 1,700위안이면 218달러다. 한국 돈으로 환산하면 23~20만 원 정도이다.[53] 코로나19 이후로는 탈북 여성의 입국 숫자가 현저히 줄어들어 10배 이상 높은 가격에 거래가 되었다.

"인신매매는 범죄 집단에 의해 조직적으로 저질러진다. 팔려 다니는 탈북 여성에게 인권이 있을리 없다. 여러 남자에 팔리며 감금과 성폭행, 강제 결혼, 원치 않는 임신, 온갖 부인과 질병에 노출돼 있다. 팔려 간 탈북 여성의 화대는 중국 여성의 절반 수준이다. 불법 신분임을 이유로 공갈을 당해도 법적으로 호소하거나 보호받을 수 없다. 강제로 북한에 송환된 후에는 심하게는 사형당하고 가족은 연좌제로 처벌받기에 고향으로 돌아갈 수도 없다."[54]

탈북 여성들은 낯선 중국에서 브로커의 인신매매로 어디로 가는지도 모르고 팔려갔다. 다행히 중국에서 괜찮은 사람에게 팔려 가면 북한에 있는 가속에게 돈을 보낼 수 있지만 가난한 시골에 팔려 가면 그 집의 빚을 갚는 데 이용되기도 했다.

중국에서 탈북민들은 먹고 사는 것은 문제가 되지 않는다. 그러나 중국 공안에 잡히면 강제 북송을 당할 수 있어서 신변에 위협을 느끼며 살아가야 했다. 강제 북송을 당하면 북한의 노동교화소에 보내지거나 심지어는 목숨을 잃을 수도 있어서 탈북민들은 신변의 위협을 느끼지 않는 자유의 땅으로 가기 위해 중국을 떠나야만 했다.

많은 탈북민이 중국에 있는 한국 대사관을 통해 한국으로 오기도 했다. 하지만 그 길이 어려워지자, 중국 내몽골 국경을 지나 몽골에서 한국으로 오거나 미얀마, 라오스, 태국에 와서 한국으로 오거나 베트남을 통해 한국행에 올랐다. 북한과 중국이 국경을 봉쇄하거나 국경에 높은 철책선과 CCTV를 설치하고 보안을 강화하며 검문소를 추가할 때마다 탈북의 위협은 더 강화되었고 탈북 브로커 비용은 천정부지로 치솟았다.

2000년대 초반까지는 탈북이 그리 어렵지 않았다. 북한에서 굶어 죽으나 국경을 넘다 총에 맞아 죽으나 죽는 것은 마찬가지였다. 게다가 당시 국경 경비는 지금처럼 삼엄하지 않았다. 하지만 점점 국경 경비가 삼엄해지면서 탈북이 어려워졌다. 한국에 먼저 온 탈북민들이 브로커를 통해서 가족을 구출하거나 선교단체를 통해서 구출하는 유형들이 늘어났다. 나중에는 생계형 탈북보다 이민형 탈북이 늘어났다. 더 나은 교육과 자유와 꿈을 이루기 위해 탈북하는 사람들이 많아진 것이다.

3) 탈북을 통한 자유와 복음 안에서의 자유

대한민국에서 자유를 맛본 먼저 온 탈북민들은 북한에 있는 가족과 잦은 연락을 통해 북한의 식량난을 듣고 지속해서 돈을 송금했다. 또한 브로커를 통해 북한에서부터 한국까지 몇 달 안에 데리고 오는 경우도 많았다.

또한 한국 교회에서 선교사들을 파송해 중국에 여러 개의 쉘터[55]를 두고 한국까지 오는 것을 도왔다. 그 과정에서 복음을 전하고 말씀으로 양육했다. 북한 주민들은 탈북 과정에서 어려움을 겪으며 그곳에서 선교사들을 만나게 되고 그들을 통해 하나님을 믿고 기도하게 되었다.

절박함이 결국 신앙으로 이어지게 되고 어떤 이들은 복음을 들고 북한으로 재입북하기도 하고 어떤 이들은 자유를 찾아 한국으로 오게 되었다. 결국 하나님은 어둠의 땅 북한으로부터 탈북민을 부르셨고 또한 선교사들을 통해 빛의 자녀로 부르셔서 진리 안에서 온전한 자유를 누리도록 하셨다.

3장. 탈북과 선교사들의 영향

1) 대량 탈북이 생기면서 시작된 탈북민 사역

고난의 행군으로 인해 대량 아사자들이 생겨나면서 생계형 탈북이 속출하게 되었다. 1994년 김일성 사망 이후로 탈북하는 북한 주민들이 조금씩 증가하더니 1998년부터 대량 탈북으로 이어졌다. 1996년부터 중국에 연고를 둔 북한 주민들이 친척 상봉을 하게 되었고 친척의 도움을 받게 되었다. 이때 중국 친척을 기다리기 위해 변방 지역의 주택에 기숙하면서 '왜가리'[56]를 하게 되었다. 기다리다가 연락이 닿지 않거나 친척이 나오지 않게 되면 탈북하게 되는 빈도가 잦아졌고 친척이 없는 사람들은 깡도강[57]을 했다. 일부 탈북민들은 중국에서 식량을 구해 다시 북한으로 들어가기도 했고, 식당이나 농촌에서 일손을 돕기도 했으며 여성들은 중국의 시골로 팔려 가기도 했다.

대량 탈북이 일어나면서 북한 내부의 실상이 외부에 알려지기 시작했고 이로 인해 전 세계가 관심을 가지기 시작했다. 꽃제비 영상이나 공개 총살 영상, 보위부가 구타하는 영상 등이 공개 되면서 북한의 참혹한 현실이 전 세계에 알려졌다. 이때 북한인권, 북한선교에 관심을 가지고 활동하는 운동이 일어났고 곳곳에서 탈북민 사역을 하기 위해 선교사들이 중국으로 파송되었다.

탈북한 사람들이 중국 교회의 십자가를 보고 교회에 찾아 갔지만 결국 교회가 공식적으로 도울 수는 없었다. 중국 정부의 감시를 받고 있어서 비공식적으로 도와주었다. 만약 교회가 탈북한 사람들을 도우면 교회가 중국 정부로부터 벌금을 물거나 제재가 따랐다.

2) 조선족 사역자들과 해외 선교사들의 탈북민 사역

대량 탈북이 생기면서 가장 큰 역할을 했던 교회는 중국에 있는 가정교회들이었다. 그러나 시간이 지나면서 중국 정부는 탈북한 사람들을 돕는 가정교회 사역자들을 잡아가 사역을 제한하였다. 그래서 중국 내에 있는 사역자들끼리도 탈북한 사람들을 돕는 사역을 비밀로 하였다. 조선족 사역자들이 탈북민을 돕고 양육하면서 무수히 많은 고생과 눈물을 흘렸다. 그래도 중국 조선족 가정교회가 감당할 수 있었던 것은 중국 정부의 박해 속에서도 가정교회 사역을 감당할 수 있었던 영성이 있었기 때문이다. 어떤 이들은 탈북민을 가족의 일원으로 받아들여 함께 생활하면서 하나님의 사랑을 전했다.

조선족 사역자들의 뒤에는 한국교회가 있었고 전 세계교회가 관심을 두고 기도하고 후원했다. 또한 한국교회가 파송한 선교사들이 조선족 사역자들과 함께 탈북민들에게 복음을 전하고 양육하여 북한에 복음을 전하는 사역자들을 키워냈다. 16세 이하의 어린아이들 중심으로 양육하는 쉘터 16세

이상의 성인들을 양육하는 쉘터들로 나뉘어 사역을 진행했다. 대표적으로 필자가 머물렀던 쉘터가 16세 이하의 탈북 청소년들이 갈 수 있었던 공동체였고 필자의 아버지가 머물렀던 쉘터가 16세 이상의 성인들이 머물며 성경 통독을 했었던 일명 '통독반' 공동체였다.

필자가 머물렀던 쉘터는 많게는 50명 정도였고 가정 단위로는 다섯 가정 정도였다. 가정의 대표는 대부분 조선족 사역자였고 누구보다 이들의 헌신과 사랑을 통해서 하나님의 사랑을 느끼고 경험했다. 쉘터마다 차이는 있었지만, 조선족 사역자들은 아침, 점심, 저녁을 먹이고 입히고 재우면서 자식같이 돌봐 주었다. 아니 자식보다 더한 사랑을 베풀었다. 그리고 말씀 양육 교재를 가지고 가르쳐 주었다. 한국 선교사들도 시간이 되면 성경을 가르쳐 주었고 신학교 교수, 또는 한국교회 목회자, 또는 단기 선교팀들이 와서 며칠간 함께 숙식하면서 창세기부터 계시록까지의 성경을 가르쳐 주었다. 그들이 떠난 후 쉘터의 일상은 Q.T, 성경 암송, 성경 읽기, 성경 쓰기, 중보기도 등으로 채워졌다. 그렇게 훈련을 받은 이유는 '다시 북한에 들어가 복음을 전하기 위함'이었다.

10대의 탈북 청소년들은 순수한 기독교 복음을 접했다. 이들은 고난의 행군으로 인해 학교에 다니지 못해 '주체사상' 등 북한의 세뇌를 받지 않은 유일한 세대이다. 중국에서 성경을 통해 문자를 익힌 이들이 많이 있었고 성경을 읽고 가르침을 받으면서 구원의 확신과 부활의 소망을 가지게 되었다. 이들은 영적으로 어두운 북한 땅에 복음의 빛을 밝혀야 할 사명에 불탔다. 그래서 두 명씩 짝을 이루어 북한에 복음을 전하러 들어갔다. 필자도 여러 차례 북한에 들어가 복음을 전했고 이에 관한 내용은 『연어의 꿈』[58]에 담기도 했다. 필자처럼 하나님의 은혜로 기적처럼 살아남아 간증하는 이들도 있지만 아직도 생사조차 알지 못하는 이들이 많이 있다. 필자의 아버지도 2001년 '서안 사건'으로 중국 공안에 잡혀 강제 북송당한 뒤 예수를 믿는다는 이유로 함흥 요덕 정치범 수용소에서 사망했다.

3) 대량 탈북 시기 선교사들의 영향

중국에서 선교사들의 도움으로 신앙을 접하고 다시 북한에 들어가 복음을 전한 청년들도 많지만, 중국에서 복음을 받아들이고 한국으로 들어오는 이들도 많이 있다. 중국에서 선교사들을 만났을 때 왜 이들은 복음을 받아들일 수밖에 없는가? 중국 공안으로부터 위협을 느낄 수 있기에 불안하고 만약 한국으로 오는 도중 잡혔을 때 강제 북송당하게 되면 죽을 수도 있다는 두려움 때문에 지푸라기라도 잡는 심정으로 하나님의 도움을 갈망할 수밖에 없다. 이때 이들에게 하나님은 정신적으로나 육체적으로나 영적으로도 엄청난 복음이 될 수밖에 없다. 또한 중국에서 선교사들이 탈북민들에게 베푸는 사랑은 북한, 중국 그 어디에서도 받을 수 없는 관심과 사랑으로 다가오게 된다. 이러한 선교사들의 헌신적 사랑의 영향은 탈북민들이 한국에 와서도 신앙으로 연결되는 경우가 많이 있다.

4장. 한국판 쉰들러 리스트 구출사역

1) 한국판 쉰들러 리스트 구출사역

"오라 우리가 여호와께로 돌아가자 여호와께서 우리를 찢으셨으나 도로 낫게 하실 것이요 우리를 치셨으나 싸매어 주실 것임이라 여호와께서 이틀 후에 우리를 살리시매 셋째 날에 우리를 일으키시리니 우리가 그의 앞에서 살리라 그러므로 우리가 힘써 여호와를 알자 그의 나타나심은 새벽 빛 같이 어김없나니 비와 같이, 땅을 적시는 늦은 비와 같이 우리에게 임하시리라 하니라 에브라임아 내가 네게 어떻게 하랴 유다야 내가 네게 어떻게 하랴 너희의 인애가 아침 구름이나 쉬 없어지는 이슬 같도다 그러므로 내가 선지자들로 그들을 치고 내 입의 말로 그들을 죽였노니 내 심판은 빛처럼 나오느니라 나는 인애를 원하고 제사를 원하지 아니하며 번제보다 하나님을 아는 것을 원하노라" (호 6:1-6)

2010년, 필자는 강남 근처에서 박 선생님을 만났다. 그는 북한선교에 부르심이 있었다. 식사하면서 북한선교의 동역자로 함께 하기로 약속했다. 많은 탈북 청년이 중국에서 선교사님들의 훈련을 받아 어떤 이들은 북한에 복음을 전하기 위해 다시 들어갔지만, 대한민국으로 온 탈북 청년들이 자본주의 맘몬 앞에 굴복하거나 가나안 성도가 되는 것을 보면서 이들과 함께 하나님을 예배하고 양육하고 선교하는 사역을 하기로 했다.

"우리가 여호와를 알자 힘써 여호와를 알자"[59] 이 말씀을 가지고 하나님이 필요한 청년들을 전도했다. 그리고 유니씨드(통일의씨앗) 단체[60]를 만들어 매주 예배하고 말씀 양육을 했다. 박 선생님은 묵묵히 청년들의 이야기를 들어 주었고 사랑을 삶으로 실천했다. 함께 예배하고 기도하며 누구보다 탈북 청년을 사랑했다. 한 탈북 청년은 북한에 있는 가족을 구출하기 위해 돈을 아껴가며 돈을 벌었다. 그 돈으로 가족을 구출하는 과정에서 브로커에게 사기당했다는 이야기를 듣게 되었다. 그러던 어느 날 박 선생님으로부터 전화가 왔다. 탈북구출을 통해 생명을 살리는 사역을 하겠다는 것이었다. 필자는 너무 위험한 사역이라 더 기도해 보라고 했지만 결국 그 사역에 뛰어들었다.

박 선생님은 중국에 팔려 간 탈북 여성들이 있는 곳이라면 어디든 찾아갔다. 그곳에서 그들에게 친구가 되었고 하나님의 사랑을 전했다. 팔려 간 여성들은 중국 쉘터에 오면 그제야 마음의 안정을 찾았다. 두려워하는 탈북 여성에게 박 선생님이 "여기는 안전합니다"라고 말해주자, 그녀들은 눈물을 펑펑 흘렸다. 인신매매로 팔려가 그동안 마음고생이 얼마나 많았을까. 그 이야기를 밤새 들어도 다 들을 수 없다. 듣는다고 해도 공감할 수 없을 만큼의 상처와 아픔으로 가득하다. 그들이 겪은 상처는 트라우마가 되어 일상을 파괴할 만큼의 고통과 질병으로 자리 잡게 되고 치유가 된다고 하더라도 너무 긴 시간이 걸린다.

그곳에서 할 수 있는 것은 그들의 이야기를 들어주고 맛있는 음식으로 허기를 달래주는 것뿐이다. 더 나아가 함께 친구가 되어 참 친구 되시는 예수님이 얼마나 그들을 사랑하시는지 깨닫게 해주는 것이다. 복음을 접한 그들은 말씀을 읽고 기도하며 하나님께 안전하게 자유의 땅 대한민국으로 보내 달라고 간절히 기도한다. 그곳에서 드리는 기도는 정말 간절하다. 말씀을 읽으라고 하지 않아도 말씀을 읽는 사람들이 많았고, 말씀을 외우라고 하지 않아도 말씀을 외우는 이들도 있었다. 그리고 필자가 쓴『연어의 꿈』책을 읽고 영상통화로 안부를 전하기도 했다.

박 선생님과 함께 구출사역을 하면서 정말 다양한 사람들을 구출했다. 다양한 에피소드를 가진 이들을 구출하면서 함께 눈물을 흘릴 때가 많았다. 구출 사역은 정말 어렵다. 같은 사역자끼리도 공개할 수도 없고 중보기도 하는 공동체 또는 국정원 사람들과도 정보를 공유할 수 없다. 한 영혼을 살리기 위해서는 철저한 보안과 목숨을 담보로 하기 때문이다. 마치 '라이언 일병 구하기'처럼 한국판 '쉰들러 리스트' 생명 구출 사역이 현재도 진행 중이다. 중국에서 출발하기 전부터 대한민국 도착하기 전까지 모든 대화는 문자와 암호로 이루어진다. 심지어 함께 사역하는 동역자끼리도 탈북 동선이 비밀에 부쳐진다. 이유는 대한민국으로 오는 과정이 고스란히 노출되는 것을 방지하기 위함이다. 한국에 안전하게 도착해서야 비로소 진실을 확인할 수 있다.

그런데 가끔 대한민국 TV 프로그램, 사진, 영상 등을 통해서 탈북 루트가 공개될 때면 모든 사역이 수개월씩 중단되기도 한다. 그때 출발하면 이미 공개된 루트는 위험하기 때문이다. 실제로 탈북 루트가 미디어를 통해 공개된 후 그 루트를 지나는 많은 탈북민이 중국 공안에 잡혀 강제 북송되었다. 안전하게 탈북구출을 하기 위해서는 다시 안전한 다른 루트를 개발해야 한다. 다시 다른 루트를 개발하는 비용도 만만치 않지만, 탈북구출에 있어서 가장 중요한 것이 비용보다는 안전이 우선이다. 사람의 생명이 안전에 달려 있기 때문이다. 일단 북한이나 중국에서 자유 대한민국으로 출발하여 안전하게 도착하기 전까지는 제대로 발을 뻗고 잘 수가 없다. 그 과정에서 어떤 변수가 일어날지 모르기 때문이다. 탈북구출 사역은 정말 하나님이 도우셔야만 한다.

박 선생님은 10년 넘게 수많은 탈북민을 만났으며 그들에게 복음을 전하고 안전하게 대한민국으로 구출했다. 그와 함께 한 모든 사역을 공개할 수는 없지만 지금도 여전히 하나님께서 공급하시는 대로 "내 양을 먹이라"는 하나님의 말씀에 순종하여 묵묵히 사역을 감당하고 있다.

박 선생님의 자녀분은 그 누구보다 아버님을 존경하고 그 길을 따라가겠다는 고백을 들으면서 눈물을 흘리지 않을 수 없었다. 필자는 그 길이 어떤 길인지 누구보다 더 잘 알기 때문이다. 박 선생님에게 왜 아픔이 없겠는가. 자녀가 박 선생님의 사역을 응원하는 밝은 모습에 그는 항상 보이는 것이

전부라고 생각했지만, 나중에 안 사실은 자녀가 심하게 아팠었는데도 아빠에게 비밀로 한 사실을 알게 되었을 때 그는 아빠로서 너무 미안했다고 하면서 눈물을 훔쳤다. 그러면서도 하나님께서 맡기신 한 영혼 한 영혼에 복음을 전하고 함께 하는 것이기에 행복하다고 고백하는 박 선생님을 보면서 필자는 너무 부끄럽고 작아지는 것을 느꼈다.

2) 탈북구출은 강도 만난 자의 이웃을 사랑으로 돌보는 것이다.

"왜 탈북구출 사역을 해야 하는가?" 어떤 이들은 그 고생을 해서 한국에 데리고 와도 자살하고 대한민국에 적응도 못하고 교회에 나오지도 않는데 구출 사역의 큰 의미가 있는가?"라는 질문을 하기도 한다. 구출 사역의 연수가 거듭될수록 회의감이 들 때도 있다. 그러나 그들이 하나님의 사랑을 깨닫고 신앙고백을 하게 될 때면 모든 것이 사라진다. 그중 하나의 편지를 소개하려고 한다.

"하나님의 뜻을 받들어 열심히 사업하고 계시는 엔케이피플의 여러분들에게 감사의 이 글을 씁니다. 살길을 찾아 북한을 떠나 이역땅에 발을 붙이는 순간부터 차례지는 것이 랭대뿐이라 우리는 이런 얼음장 같은 찬 길을 걷고 걸으며 위험 속에서 헤매고 있을 때 따뜻한 사랑의 손길이 우리들에게 찾아 왔습니다. 그것이 하나님의 제자들인 여러분의 헌신이고 사심 없는 노력이라는 것을 알았을 때

저의 마음은 그 무엇이라 표현할 수 없는 커다란 감격에 휩싸여 있었습니다. 저는 여러분의 끊임없는 기도와 헌신의 노력으로 먹을 걱정, 입을 걱정, 잠잘 걱정 등 비롯한 아무 걱정 없이 잘 지냈으며 오늘은 엄청난 돈을 지원하여 주셔서 우리들은 목적지로 출발하게 되었습니다. 저희들의 소원과 목적이 이루어지도록 정성성의로 지원하여 주시고 많은 돈을 마련하여 주신 우리의 하나님과 엔케이피플 여러분들에게 다시 한번 감사의 인사를 드립니다. 정말 고맙습니다. 여러분의 기대에 보답하기 위해 앞으로의 참된 삶을 살아가겠습니다. 한국에서 다시 만나기를 기도하며 안녕히 계시오. 조**"

위 내용의 편지를 쓴 조 형제는 한국에 안전하게 도착해서 기술직을 통해 안정적으로 정착했고 그의 누나는 북한에서도 의사였는데, 한국에서 의사 자격을 취득해 의사로서 행복한 삶을 살고 있다. 이처럼 자유를 찾아 대한민국에 온 형제자매들이 몇천 명에 이른다. 이들은 하나님께서 우리 민족에게 맡기신 우리 한국교회와 세계교회 그리스도인들에게 맡기신 하나님의 이웃이다. 가족이다. 내 아버지, 내 어머니, 내 동생, 누나 형들이며, 우리와 같은 피와 살을 나눈 혈육이다. 지금도 고통당하며 죽어가고 있는 내 가족에게 구원의 손길을 내밀어야 한다. 그들의 고통 가운데 들어가 그들을 온전히 섬겨야만 한다. "내가 너희를 사랑한 것 같이 너희도 서로 사랑하라"(요 13:34)

지금까지 하나님의 뜻대로 부르심을 받은 성도들과 교회는 기도와 후원과 헌신을 통해 북한선교에 동참해 왔다. '쉼

들러'와 같은 사역을 통해 생명을 구하고 복음을 전하는 사역에 선교사들과 함께할 수 있음에 감사하다.

언제까지 이 사역을 해야 할까? 북한 정권이 무너지고 자유롭게 북한에 가서 복음을 전하고 교회를 세우는 그날까지 고통받는 내 민족을 돌아보고 하나님의 사랑을 전하고 기도하는 것은 우리의 사명이다.

5장. 탈북구출 사역의 현황과 지속성

1) 구출사역의 현황

1994년 이후로 대량 탈북이 시작되었다. 그 이후로 지금까지 탈북구출은 여전히 진행 중이다. 엔케이피플선교회는 여러 명의 선교사를 파송하여 중국 내 탈북민을 도왔다. 구출사역을 10년 이상 함께 하면서 지금까지 하나님께서 역사하셨고 도우셨다. 선교사들은 중국에 있는 탈북민을 찾아다니며 복음을 전했고 인권유린 당한 탈북민을 찾아가 값을 치르고 구출을 도왔다. 중국 헤이룽장성, 길림성, 랴오닝성, 허베이성, 산둥성, 장쑤성, 내몽골과 복건성 등 중국 내륙 깊은 곳까지 찾아다니며 탈북민들을 도와 안전하게 쉘터로 인도했다. 중국에 있는 쉘터에서 한국에 오기 전까지 안전하게 보호하며 그들에게 복음을 전하고 말씀을 가르쳤고 한국으로 구출을 도왔다.

중국에서 한국까지 이동할 때 많게는 10명에서 12명까지 함께 이동했다. 10년 동안 아무런 문제 없이 안전하게 한국에 도착했다. 하나님께서 역사하셨다. 탈북구출 과정에서 일부 탈북민들은 예수님을 접했고 대한민국에서 자유를 경험하며 살아가고 있다.

최근 구출사역에 많은 변수가 생겼다. 북한에는 이중 삼중으로 국경경비대의 보안을 강화했다. 100m에서 200m 사이에 보초를 서던 경비초소를 50m 정도로 좁혀서 감시하고 인원을 더 늘렸다. 또한 국경 전체(약 1,418km) 중 489km에 걸쳐 철조망과 콘크리트 장벽 이중 울타리를 인구 밀집 지역 주변에 설치했다. 중국 정부도 전기 철조망을 이중으로 설치하고 CCTV와 적외선 카메라를 설치하여 밤낮으로 감시를 강화하고 있다. 코로나19 이후로 탈북구출을 돕는 사역은 부르는 게 값이 되었다. 아니 거액을 브로커에게 주더라도 북한에서 중국으로 넘어오는 것은 불가능에 가깝다.

구출사역은 매우 위험하다. 과거에도 그랬고 지금은 더 위험하고 앞으로는 더 위험해질 것이다. 특히 북한에서 중국으로 오는 것이 그렇다. 다만 중국에서 한국으로 구출하는 것은 비밀의 경로를 통해 가능하다. 과거에 한 사람당 브로커 비용이 200만 원이었다면 지금은 7배에서 10배로 올랐다. 한국으로 오는 방법은 다양하지만, 여전히 위험이 따른다.

중국 내에는 여전히 한국으로 오려고 대기하는 탈북민들이 있다. 그들은 하루하루 한국에 갈 수 있는 길들을 열어 달라고 기도하고 있다. 중국에서 탈북민들은 신변의 안전이 보장되지 않기 때문에 언제 중국 공안에 붙잡혀 강제 북송당할지 모르는 위험한 상황에 놓여 있다.

필자가 구출사역을 멈추지 않은 이유가 있다. 북한 내에서 지금도 인권 유린당하는 북한주민들을 구하고 제3국에서 강제 북송, 강제 노동, 인신매매 등 인권유린을 당하는 탈북민을 구출하기 위해서이다. 필자 또한 북한에서 인권유린을 경험했기에 자유의 대한민국에서 행복을 누리는 동안에도 고통받는 이들을 생각하며 기도한다.

"하나님 북한에서 인권유린 당하는 이들을 불쌍히 여겨 주십시오. 하나님 중국에서 인권유린 당하는 이들을 불쌍히 여겨 주십시오. 하나님 이들을 불쌍히 여겨 주십시오. 중국에서 짐승들이 먹는 구유 안에 있는 음식물 찌꺼기라도 배불리 먹는 것이 소원이라고 했던 형, 탈북하다가 잡혀 중국 도문 감옥에 구금되었을 때 먹었던 만터우 빵 하나 먹었던 것이 행복했다며 탈북을 다시 하겠다던 형, 17살의 어린 나이에 중국 시골에 있는 한 남성에게 팔려 아들을 낳고 강제 북송 당하게 되었지만 중국에서 행복했던 것은 그곳에서 먹었던 만터우 빵이라고 했던 한 여성의 고백, 지금도 어딘가에서 굶어 죽고, 맞아 죽고, 고통당하며 죽어가고 있을 이들을 기억합니다. 자유를 찾아 배를 탔지만, 배의 목적지에 안전하게 도착하지 못한 채, 배가 뒤집혔다고 자신을 표현했던 정치범 수용소에 간 바울 형, 예수 믿는다는 이유로 지금도 정치범 수용소에 갇혀 하나님을 갈망하며 구원의 손길을 바라보고 있을 이들을 기억합니다. 하나님 이들을 살려 주십시오. 하나님 이들을 살려 주십시오. 하나님 이들을 살려 주십시오. 언제까지 하나님께서 사랑하시는 이들이 고통 가운데서 살아가야 합니까. 하나님의 오른손을 펴시어 악한 영들을 제하시고 하나님의 구원 손길을 허락하소서. 이들이 자유롭게 되어 함께 평양의 광장에서 만나 함께 하나님을 찬양하며 예배하는 그날을 허락하소서. 슬픔이 기쁨이 되게 하시고 하나님으로 인해 기뻐하며 예배하는 그날이 속히 오게 하소서. 예수님의 이름으로 기도합니다. 아멘"

2) 구출사역의 지속성

앞으로 구출사역은 더 어려워질 것이다. 그럼에도 구출사역은 계속되어야 한다. 생명의 위협을 느끼는 탈북민들에게 선한 사마리아인이 되어 예수 그리스도의 사랑으로 상처를 싸매고 치유해 주어야 한다. 이 사역을 위해 한국 교회와 해외 교회는 기도와 후원과 사랑으로 선교사들을 파송하여 제3국에 있는 탈북민을 리더로 세우고, 중국에 있는 조선족 사역자, 한족 사역자들과 연대하여 중국 내에 있는 탈북민들에게 복음을 전하는 사역을 확장해야 한다. 더 나아가 그곳에서 살 수 없는 탈북민을 자유의 땅 대한민국으로 안전하게 구출하는 데 도움을 주어야 한다. 과거에는 일 년에 몇천 명씩[61] 탈북했지만 앞으로는 일 년에 몇십 명씩 되더라도 구출사역은 계속되어야 한다.

앞으로 구출사역의 보안은 철저히 유지되어야 한다. 탈북 루트를 공개하거나 미디어 채널에 노출되지 않도록 조심해야 한다. 과거에 건강하지 못한 이들이 탈북 루트를 공개하고 구출사역을 공개하여 피해를 본 경우가 많았다. 탈북구출사역은 작은 실수 하나가 한 사람, 아니 여러 명의 생명을 위험에 빠트릴 수 있다. 심지어 사역장 하나가 문을 닫을 수도 있고 선교사 한 명이 사역을 중단할 수도 있다. 탈북구출 사역은 하나님 앞에서 투명하게 뱀처럼 지혜롭고 비둘기처럼 순결하게 이루어져야 한다.

현재 중국에는 한국으로 오기 위해 대기하고 있는 탈북민들이 있다. 그들은 그곳에 있는 동안 매일 성경 읽고 시편을 외우고 기도하고 있다. 이들이 중국에 머물며 하나님을 가까이하는 시간이 소중하다. 이들이 안전하게 자유의 대한민국으로 오도록 기도한다. "하나님 이들이 안전한 대한민국으로 와서 자유롭게 하나님을 예배하고 하나님을 높이는 간증자들이 되게 하소서."

Part 4
북한선교 전략

1장. 탈북민선교, 북한선교, 통일선교의 전략

　북한선교 전략의 차원에서 용어에 대한 정의를 통해 선교의 범위와 방법론을 달리할 수 있다. 그동안 한국교회에서는 북한선교, 통일선교라는 명칭을 사용해 왔다. 지금까지 사용해 온 명칭들이 그 시대의 정신이나 선교의 패러다임을 반영하기도 했다. 필자는 지금까지 사용되어 온 용어들을 중심으로 구체적인 선교전략의 차원에서 이론적 배경보다는 방법론적 차원에서 분명하게 제시하고자 한다.

1) 탈북민선교

　탈북민선교는 탈북민을 대상으로 복음을 전하고 양육하고 가정과 학교와 교회를 중심으로 하나님 나라의 공동체를 이루는 선교이다. 대한민국에 온 3만 4천여 명의 탈북민은 하나님께서 보내신 북한선교의 마중물이다. 이들을 대상으로 복음 안에서 하나가 되는 과제를 풀 수 있으면 북한의 2천5백만을 대상으로 북한선교를 감당할 수 있다. 그래서 탈북민선교와 북한선교는 분명한 연관성이 있으면서도 개별적 차이점들이 있다.
　3만 4천여 명의 탈북민들을 대상으로 탈북민 선교의 전략과 방법을 통해 그들에게 복음을 전하고 탈북민들과 함께 주님의 몸 된 교회를 세워가야 한다. 한국교회는 탈북민선교를 중심으로 탈북민교회와 탈북민 목회자들과 함께 북한선교를 위해 선교의 동역을 이루어가야 한다.

탈북민선교의 범위는 탈북구출, 하나원 사역, 탈북 청소년 대안학교, 탈북민 교회를 대상으로는 하는 사역과 탈북민 신학생과 사역자들 사역, 탈북 청소년사역, 탈북민 대상 교도소 사역, 탈북 여성사역, 등 대한민국에 입국한 3만 4천여 명이 선교의 대상들이고 해외에 흩어져 있는 디아스포라 탈북민들이 탈북민선교의 대상들이다.

2) 북한선교

북한선교는 한반도를 부속 도서로 하는 38선을 중심으로 북쪽에 위치하는 주민들을 대상으로 복음을 전하고 교회를 세우고 가정과 학교와 교회를 중심으로 하나님 나라의 공동체를 이루는 선교이다. 그러나 현재는 북한 정부가 대외적으로는 교회를 공인하고 종교의 자유가 있는 것처럼 하지만, 종교의 자유는 없다. 북한에서는 자유롭게 복음을 전할 수 없고, 종교를 선택할 자유도 없으며, 사역자가 되거나 교회를 세울 수 없다.

지금까지의 북한선교는 정부 정책의 방향에 따라 인도적 차원에서 구제에 머물렀을 뿐, 눈에 띄는 선교의 열매는 없었다. 다만 한국교회 안에서 북한을 위한 기도와 교회 재건을 위한 논의와 사람 준비를 위한 필요성을 가지고 북한선교학교를 개설해 북한선교와 탈북민선교와 통일선교의 이해를 중심으로 한국교회와 성도들이 북한선교의 동역자들로 준비되고 있다.

북한선교의 큰 범주 안에 탈북민선교의 범주가 포함되어 있고, 탈북민선교를 중심으로 북한선교가 이루어져 왔다. 따라서 탈북민선교는 뒷문 선교로 구분하기도 하고 북한선교에서 북한 내지에 들어가 돕는 사역을 앞문 선교로 구분하고 있다.[62]

북한선교는 북한 내지 사역과 북한교회 재건과 숭실대학교 기독교통일지도자센터와 같이 사람을 준비하는 사역, 북한을 위한 기도사역을 중심으로 이루어지고 있다. 북한에 문이 열리면 그 땅에 들어가 북한 주민들에게 복음을 전하고 교회를 세우는 것을 목적으로 준비하고 있다.

3) 통일선교

통일선교는 "하늘에 있는 것이나 땅에 있는 것이 다 그리스도 안에서 통일되게 하려 하심이라"[63] 말씀에 근거하여 남과 북, 탈북민 성도들이 예수 그리스도 안에서 하나가 되는 것을 목적으로 하나님 나라의 시민으로서 주님의 몸 된 교회를 세우고 함께 동역하는 선교이다. 이 범주에는 탈북민선교, 북한선교, 한국교회까지 포함된다. 즉 남북이 함께 하는 통합목회, 또는 탈북민교회, 탈북민 목회자들이 한국을 선교하는 선교사들로 함께 하는 선교이다.

한국교회는 탈북민들을 돕는 관계에서 탈북민들도 받기만 하는 것이 아니라, 내가 만난 하나님을 믿지 않는 사람들에게 전도하여 한국을 복음화하는 사역으로 함께 하는 것이다. 또한 탈북민들에게만 하나님의 사랑이 필요한 것이 아니라, 대한민국에 살고 있는 모든 이들에게 하나님의 사랑이 필요하며 낮은 자의 모습으로 섬기고 사랑하는 사역이 통일선교의 사역이다.

한반도는 남·남 갈등, 남북 갈등으로 서로를 미워하고 분열된 상태에 있다. 대한민국 안에서도 태극기와 촛불로 싸우고 있고, 교회 안에서도 예외는 아니다. 이념이나 철학이나 인간의 어떠한 노력이 하나가 되게 하는 것이 아니라, 오직 예수 그리스도 안에서 하나가 될 수 있다.

우리가 하나가 될 수 있는 것은 예수 그리스도께서 자신을 십자가에 내어 주심으로 하나님과 인간의 사이를 하나로 이어 주셨기 때문이다. 따라서 예수 그리스도를 믿음으로 하나님과 하나가 된 그리스도인은 예수 그리스도 안에서 하나님과 하나가 된 것처럼 예수 그리스도 안에서 하나가 될 수 있다. 이것이 탈북민 성도, 북한 성도, 한국 성도들과 복음통일을 이루고 통일선교를 지향해야 하는 이유이다.

한국교회와 탈북민교회는 먼저 통일선교를 지향해야 한다. 한국교회와 한국교회 안에서 연합이 이뤄지고, 한국교회와 탈북민교회가 연합이 이뤄지고, 한국교회, 탈북민교회,

해외 한인교회가 예수 그리스도 안에서 연합이 이루어져 함께 통일선교를 이루어 가는 사역으로 확장이 될 때, 연합하여 하나님께서 맡기신 사역을 잘 감당할 수 있을 것이다.

2장. 북한선교와 탈북민선교를 위한 전략

1) 선교의 대상과 전략의 필요성

남과 북은 70년 넘게 서로 다른 체제 속에서 살아왔다. 한 민족이지만 체제 차이로 인한 교육으로 서로 다른 가치관을 형성하고 있다. 분단의 현실로 인해 남과 북은 서로를 동족, 가족, 친구로 이해하고 화해와 사랑의 대상으로 생각하기보다 반공교육, 안보 교육을 통해 서로를 적대시하고 사탄의 집단으로 간주하여 죽여야 할 대상으로 생각해 왔다.[64]

여야 정치권의 행보에 따라 북한에 대한 프레임이 형성된다. 진보는 평화를, 보수는 인권을 강조한다. 진보 정치는 북한을 지원하여 평화를 조성하려는 데는 관심을 가지지만 북한의 인권 문제에는 소홀하다. 반면 보수 정치는 북한의 인권 개선을 위해 북한인권법 제정에는 찬성하지만, 북한에 대한 지원에는 부정적이다. 이러한 프레임에 따라 북한을 돕는 것은 진보적, 북한의 인권을 이야기하는 것은 보수적인 것으로 인식된다. 교회 역시 이러한 정치적 프레임에 얽매여 복음과 선교적 관점을 잃고 이념의 매너리즘에 빠질 수 있다.

북한을 이해하고 선교하기 위해서는 이념적 프레임이 아닌 복음의 프레임으로 바라봐야 한다. 하나님 나라의 구속 사역 중심에서 북한을 이해할 수 있어야 한다. 그래야만 그들을 선교의 대상자들로 이해하고 접근할 수 있다.

한국교회는 예수 그리스도 안에서 잃어버린 북한의 영혼들을 구원하기 위해 북한을 바르게 이해하고 복음을 전해야 할 사명이 있다. 북한 주민들에게 필요한 것은 빵이 아니라 생명의 복음이 중요하다. 그들을 살릴 수 있는 것은 오직 예수 그리스도이기 때문이다. 예수 그리스도만이 남과 북의 성도들을 하나되게 하신다. 우리가 그들에게 복음을 전하고 한 공동체를 이루며 살아가야 할 이유이기도 하다.

복음을 전해야 할 대상들이 북한에 있는 주민들이고, 제3국에 나와 있는 탈북민들이고, 한국에 온 탈북민들이라고 한다면, 그들에게 어떻게 복음을 전하고 어떻게 공동체를 이루고 마지막 시대에 어떻게 선교를 이루어야 할지에 대해서 기도하고 구체적인 선교적 전략(방법론)을 제시하고, 함께 논의하고, 기도하고 구체적인 실천으로 옮길 수 있다.

북한선교의 특성상 보안 또는 비공개 사역이 많다. 주로 탈북구출 사역, 북한지하교회 사역, 탈북민 이단 관련 사역 등 선교전략을 공개했을 때, 더 이상 선교의 전략이 아무런 영향을 발휘할 수 없을 때가 있다. 따라서 비공개 전략으로 장·단기적으로 선교단체, 혹은 교회, 기도모임 등의 소그룹으로 공유하고 철저한 보안을 유지해야 한다.

2) 북한선교와 탈북민선교 전략을 위한 실천 방안

첫째. 북한선교와 탈북민선교를 위한 준비

북한선교를 위해서는 사역자 또는 성도 간에 혼자 기도모임이나 통일선교 학교 수업을 수강해서 듣고 준비할 수도 있지만, 교회와 함께하는 사역, 동역의 사역으로 할 때, 지속할 수 있다. 따라서 준비 없는 선교, 또는 선교의 대상을 이해하지 못하고 기도의 동역으로 함께 하지 못하는 선교는 시작은 누구나 할 수 있지만, 지속적인 면에서는 한계가 있다.

북한선교를 위해서 무엇보다 중요한 것이 준비이다. 그러면 어떻게 준비할 것인가?

① 기도

북한선교를 기도모임부터 출발하는 것이 중요하다. 쥬빌리구국기도모임이나 에스더기도운동과 같은 기도연합단체를 통해서 기도하는 것도 하나의 방법일 수 있고, DMZ에서 북한을 바라보면서 기도하거나, 북·중 접경 지역에 가서 북한을 바라보면서 기도하거나 탈북민교회들을 탐방하면서 기도하는 것도 구체적인 기도의 방법일 수 있다. 북한을 위한 기도단체들을 통해서 기도도 하지만, 기도회를 통해서 북한의 실상이나 구체적인 기도제목들을 받아서 교회로 가지고 와서 교회에서 함께 기도할 수 있다.

본 교회에서 기도의 동역자들과 함께 구체적인 기도제목

을 가지고 북한을 위해 기도로 선교의 문을 여는 것이 정말 중요하다. 필자가 선교의 현장에서 사역하면서 제일 많이 하는 사역이 기도하는 사역이다. 왜 기도로 북한선교의 문을 열어야 하는가? 선교는 우리가 하는 것이 아니라 하나님께서 우리를 통해서 일하시기 때문이다. 그래서 먼저 하나님의 뜻을 구하고 하나님의 선교를 위한 청지기적 도구로 사용되는 것을 구하는 것이다.

② 북한 이해와 탈북민 이해

북한 주민, 혹은 탈북민들을 이해하기 위해서 북한의 문화나 언어와 같은 생활양식을 이해해야 한다. 문화차이에서 오는 남북의 격차가 있기 때문에 선교해야 할 대상에 대한 선이해가 있는 것만큼 깊은 관계를 맺을 수 있다. 이를 위해서 복음통일학교, 통일선교학교, 북한선교학교와 같은 클래스를 교회에서 개최하여 북한과 탈북민의 이해를 돕거나 그런 기관에 신청하여 수료하는 것을 추천한다.

북한의 역사, 정치, 경제, 사회, 문화 등의 책을 읽거나 탈북민교회나 선교단체에서 봉사하면서 배우는 것도 하나의 방법일 수 있다. 북한은 폐쇄 국가이고 파편화되어 있기 때문에 북한에서 태어났어도 북한을 잘 모르고, 북한 관련 다양한 책을 읽고 배웠다고 하더라도 북한을 다 알 수는 없다. 또한 북한선교에 있어서 해마다 선교 현장의 상황은 수시로 바뀌기 때문이다.

북한을 이해한다고 해서 선교 현장에 조금은 도움이 될 수는 있지만, 북한을 잘 모르더라도 예수 그리스도의 사랑을 가지고 섬김의 모습으로 복음을 전할 수 있다면, 모든 지식은 복음을 위해서 배설물이 될 수밖에 없다. 아는 것보다 중요한 것은 믿음으로 사랑을 행하는 것이다. 그것을 위해서 준비해야 한다.

둘째. 북한선교와 탈북민선교를 위한 만남

북한선교를 위한 준비가 되었다면, 이제 만남의 단계이다. 어디에서 누구를 만나야 하는가? 현재 북한에 들어갈 수 없다면 탈북민을 만나야 한다. 탈북민은 하나님께서 보내신 사람들이다. 3만 4천여 명의 탈북민들에게 선교하지 못하는데 2천 5백만의 북한 주민에게 복음을 전할 수 있다는 것은 어불성설이다.

탈북민은 중국에 15만 명 정도, 한국에는 3만 4천여 명 정도, 해외에는 대략 7천여 명 가까이 디아스포라를 이루고 있는 것으로 추정한다. 이들을 만나기 위해서는 하나원, 대한민국 전 지역의 25개 하나센터, 70여 개의 탈북민교회, 북한선교 단체 등 조금만 관심을 가지고 찾아가면 만날 수 있다.

엔케이피플선교회에서 진행하는 예배 또는 기도 모임에 참석해도 탈북민들과 함께 예배 드리고 기도 드릴 수 있다. 처음에는 북한선교단체 또는 탈북민교회와 같은 단체들과 함께하거나 협력을 통해 함께 사역하는 것이다. 예를 들어 강단 교류, 교회 자매결연, 탈북민교회와 연합수련회 등을 통해서도 함께 할 수 있다.

　교회 내 탈북민이 있을 경우 일대일로 관계 맺고 친구, 가족이 되거나 가정 방문, 또는 가정 초대 등을 통해 꾸준한 관계를 맺으며 공동체를 이루어 가는 것이다. 모이기를 힘쓰고 함께 하기를 힘써서 영적 가족공동체로 복음 안에서 하나가 되어 가려는 노력이 필요하다. 복음은 말로 전하는 것보다 함께 삶으로 살아가며 경험하고 느끼고 수용하는 것이다.

셋째. 복음 안에서 함께 하는 공동체

　탈북민들을 만났다면 그들에게 먼저 공감하고 친구가 되는 것이 중요하다. 그리고 그들에게 복음을 전해야 한다. 빵만 주는 것은 금방 허기지고 배고프다. 그러나 생명의 양식 되시는 예수 그리스도는 영원히 목마르지도, 배고프지 않는 영원한 생명을 선물로 주신다. 결국 탈북민들에게 필요한 것은 예수 그리스도의 복음이요, 예수 그리스도와 친구의 관계로서 하나님 나라의 소망 안에서 함께 살아가는 형제요 자매요 주님의 몸 된 지체인 것이다. 따라서 그들에게 구제도 중요하지만, 그보다 먼저 복음을 전할 수 있어야 한다.

　개개인이 탈북민 한 영혼에 대한 하나님의 마음을 가지고 꾸준한 돌봄을 통해 일대일 제자 양육, 또는 소그룹 안에서 함께 교제 나누고 가족공동체가 될 수 있어야 한다. 일대일 제자 양육의 장점은 탈북민들에게 복음을 전하고 양육하는 것도 있지만, 가족 없이 대한민국에 외롭게 살아가는 탈북청년들 같은 경우에는 일대일 관계 안에서 가족이요, 친구요, 동역자요, 공동체이다. 대한민국에서 살아가면서 궁금한 것은 언제든 물어보고 배울 수도 있고, 진로에 대한 고민이나 여러 가지 문제들을 나누면서 해결되는 것도 많이 있다. 필요할 경우 경제적인 도움도 줄 수 있지만, 무엇보다 중요한 것은 믿음 안에서 영적 가족으로서 주님 오실 그날까지 함께 믿음의 동역자로서, 예배자로서 함께 한다는 것이 가장 중요하게 다가오게 된다.

구제와 관계 사역을 넘어서 탈북민들에게 복음을 전하고 함께 예배공동체를 이루며 개개인에게 일대일로 제자 양육을 통해 신앙과 전문성을 가지고 세상으로 나아가 복음을 전하는 전문인 선교사들로 세우고 함께 동역해야 한다.

3장. 북한선교 전략을 위한 네 가지 프레임

 북한선교의 전략을 위해서 먼저 북한의 이해가 있고 그에 따르는 전략을 가져야 한다. 크게는 네 가지 프레임을 가지고 북한을 볼 수 있다. 북한 정부와 주민, 평양과 지방의 차이, 변하는 북한과 변하지 않는 북한, 북한 내에 있는 북한 주민과 북한 외에 있는 탈북민으로 나눌 수 있다.

1) 북한의 정부와 주민이다.

 북한은 북한 정권과 북한 주민이 공존하지만, 북한 정권은 북한 주민을 대표할 수 없고 북한 주민은 북한 정권을 대표할 수 없다. 북한 정부는 북한 주민의 인권을 유린하고 주민을 위한 정부가 아니라 김씨 일가의 독재국가이기 때문이다. 북한 주민은 독재 정부의 도구가 아니다.
 북한은 전 국민을 3개층 51개로 분류하여 출신성분에 따라 배급, 주거, 직장, 승진 등 사회 모든 영역에서 연좌제적 성격의 엄격한 차별이 있는 신분제 사회이다.[65]
 북한 정권은 비정상 국가이다. 북한 주민들은 억압과 박해 속에서 인간의 기본 권리를 보장받지 못하고 있다. 이러한 상황에서 북한 정권과 북한 주민을 대하는 방법은 달라야 한다.
 북한 정권에 대해서는 국제사회의 압박과 제재를 통해 북한 주민들의 인권 개선을 촉구해야 한다. 또한 북한 주민들에게 필요한 정보를 제공하고 북한 내부의 민주화 운동을 지원해야 한다. 북한 주민들에 대해서는 인도적 지원을 통해 그들의 삶을 개선하고 북한 정권에 대한 저항 의지를 키워주어야 한다. 또한 북한 주민들이 자유로운 삶을 누릴 수 있도록 교육과 문화 활동을 지원해야 한다.

북한 정권이 기독교를 박해하고 선교 활동을 못하게 한다고 할지라도 제3국에 있는 탈북민이나 북한 주민들을 찾아가 그들의 삶을 돕고 하나님의 사랑을 전해야 한다. 또한 북한 정권이 무너지고 북한에도 자유민주주의와 종교의 자유가 보장되는 법이 제정되도록 기도해야 한다.

북한 주민을 돕는 것은 단순한 선행이 아니다. 북한 정권의 억압과 박해에 맞서기 위한 인권 투쟁의 일환이기도 하다. 북한 주민들이 자유와 평화의 삶을 누릴 수 있도록 우리는 계속해서 노력해야 한다.

2) 북한의 평양과 지방의 차이

북한은 수령을 중심으로 핵심 계층[66]은 평양에 거주하고 있고 출신성분이 안 좋은 복잡 계층은 지방에 거주하게 하고 있다. 거주 이전의 자유, 여행의 자유 등 인간의 기본권마저 정부가 수령을 중심으로 통제하고 있다. 북한의 지역갈등은 대한민국만큼 심각하다. 탈북 후 한국에서도 평양에서 산 경력이 있으면 우월주의를 가질 수도 있다. 평양은 지방과 차별적인 정책을 펴고 있다. 지방은 배급을 공급받지 못해도 평양은 식량을 지원하고 복지혜택을 늘려 고난의 행군 기간에도 지방보다 아사자가 적었다. 또한 평양은 세계인들에게 보여 주기 위한 극장 쇼를 벌이고 있다.

3) 북한은 변하지 않는 것과 변하는 것으로 나누어 볼 수 있다.

평양 중심의 기득권층들은 자신의 지위를 유지하기 위해 더욱더 수령 중심의 체제를 옹호하고 유지하려고 한다. 수령 중심의 체제에서 이탈하면 제일 먼저 탈북을 시도하겠지만 대부분 기득권층은 김일성-김정일주의를 아부하는 간신이 되어 있다. 그 뒤에서 이 모든 것을 조정하는 것은 김씨 일가이다. 그들의 명분은 수령의 교시를 근거로 하고 있으며 '체제 유지'를 위한 우상화 작업과 일관된 대내외적 외교를 하고 있다.

북한은 "경제건설과 핵 무력 건설 병진 노선은 주석님과 장군님께서 제시하시고 철저히 구현하여 오신 독창적인 경제 국방 병진 노선의 빛나는 계승이며…, 우리의 핵 무력은 지구상에 제국주의가 남아 있고 핵 위협이 존재하는 한 절대로 포기할 수 없고 억만금과도 바꿀 수 없는 민족의 생명이며 통일 조선의 국보"[67]라고 주장하면서 핵보유국으로 인정받으려고 하고 있다. 결국 북한은 개방 없는 개혁, 경제건설과 핵 무력 건설을 통해 김씨 일가 정권을 유지하고 견고하게 하려는 것으로 파악된다.

북한은 체제 유지를 위해 외부 정보 유입과 기독교 복음 전파를 차단하고 위반 시에는 정치범수용소 구금과 공개처형 등 공포정치를 일삼고 있다. 그러나 북한은 "자기 땅에 발을 붙이고 눈은 세계를 보라."[68]는 구호를 내세우며 북한 주민들에게 주체적인 생각을 가지면서 다른 나라의 우수한 것을 받아들이기를 기대하는 모습도 보인다. 김정은 정권에 들어서면서 북한 내부와 외교에서 변화가 가시화되고 있지만 완전한 비핵화와 평화를 위한 단계로 나아가기에는 많은 시간이 걸릴 것으로 보인다.

북한은 10년, 20년 전과 비교하면 더디게 보이지만, 변화되고 있는 것은 사실이다. 그러나 변하고 있는 북한의 모습도 있지만 체제 유지를 위해 공포정치를 통해 북한 주민을 더욱 억압하고 있다.

4) 북한 주민과 탈북민으로 나눌 수 있다.

북한에 거주하며 살아가는 2천 5백만의 북한 주민들은 수령-당-인민으로 구성된 사회주의 집단국가에 귀속되어 민주적 자유를 억압당한 채 김씨 일가 중심으로 현대판 노예로 살아가고 있다. 이유는 서로 다른 개인의 생각이 존중받을 수 없고 수령 한 사람을 위해 따르고 복종하도록 강요받기 때문이다. 따라서 진실과 정의보다는 거짓과 위선으로 '간신'이 되어야 살아남을 수 있다.

북한에서 탈출한 탈북민들은 생계형 탈북, 정치적 탈북, 이민형 탈북 등으로 구분할 수 있다. 이들의 공통점은 북한의 억압과 공포를 벗어나 자유를 찾아서 탈북했다는 것이다. 북한에서는 탈북민을 '배신자'로 규정하지만, 한국에서는 '통일의 마중물'과 같다. 탈북민들은 북한의 독재정권에 맞서 북한 주민의 인권과 자유를 위해 투쟁하고 있으며 남과 북의 정치, 경제, 사회, 문화, 예술, 종교 등 다양한 분야에서 가교역할을 할 수 있다. 이러한 인재들을 집중적으로 복음의 전문성을 갖춘 통일세대의 일꾼으로 준비시켜 통일시대의 사회통합을 이루고 땅끝까지의 선교를 감당할 수 있는 인재들로 양성해야 한다.

북한의 문화와 시스템을 이해하고 살아가는 3만 4천여 명의 탈북민들과 한국교회 공동체 안에서 복음으로 하나가 되는 것은 무엇보다 중요하다. 더 나아가서 남한과 북한을 이해함으로써 서로를 이해하고 예수 그리스도의 사랑으로 서로 용서하고 사랑하는 관계로 발전해 나가야 한다. 탈북민들은 마지막 시대에 하나님 나라의 사명을 위해 고난 가운데 부르신 빛의 사자들이다. 한국교회는 탈북민들과 탈북민교회와 협력을 통해 땅끝 선교를 잘 준비하고 감당해야 한다.

정부보다는 주민을, 평양 중심보다는 2천만 가까이 사는 지방을, 북한 주민과 연결이 되어 있는 탈북민을 대상으로 먼저 선교의 대상으로 정하고 그들에게 복음을 전하고 양육하고 동역자들로 함께 세워가는 것이 중요하다. 먼저 북한의 주민들과 제3국에 있는 탈북민들, 대한민국에 온 탈북민들에게 복음을 전하고 믿음의 동역을 이루어 갈 때, 그들을 통해서 교회가 세워지고 북한선교의 사역을 통일 선교의 사역으로 확장시킬 수 있다.

4장. 북한선교 미디어 사역과 전략 (라디오, 영상을 중심으로)

 북한은 전 세계에서 가장 폐쇄적인 국가이다. 외부 정보의 유입이 매우 제한적이다. 북한 주민들은 외부 세계에 대한 지식이 부족하고, 다양한 생각과 가치관을 접할 기회가 거의 없다. 이러한 상황에서 미디어는 북한 주민들에게 외부 세계와 정보를 전달할 수 있는 중요한 통로가 되었다. 또한 사람이 북한에 가서 복음을 전하지 않아도, 전파자가 있고 수신자만 있으면 미디어를 통해 복음을 전하고 들을 수 있다는 장점이 있다. 미디어를 통한 북한선교는 북한 주민들에게 복음과 기독교 문화를 전파하고, 북한 사회의 변화를 끌어내는데 중요한 역할을 할 수 있다.

 복음을 전하기 위해 수용해야 할 대상들과 소통하는 매개체가 미디어이다. 미디어를 통해 소통하기 위해서는 전달자(Messenger)가 청중(Audience)에게 미디어 채널(휴대폰, 라디오, 영상 등)을 통해 복음 메시지(Message)를 전달하는 것이다. 여기에 공간은 오프라인일 수 있고, 인터넷 연결망과 같은 온라인 가상공간일 수 있다. 즉 오프라인과 온라인을 통해 복음을 전하는데, 이의 수단이자 도구는 미디어가 되는 것이다. 따라서 폐쇄적인 북한 사회에 미디어를 통해서 복음을 전할 수 있다는 장점이 미디어를 통한 북한선교 전략의 장점이 될 수 있다.

여기서 다룰 수 있는 내용으로는 미디어와 커뮤니케이션의 관점, 또는 미디어 선교의 관점보다는 북한의 미디어와 대북 방송, 지금까지 진행되어 온 사례들을 수집한 후, 미디어를 통한 북한선교의 효과들에 대해 분석하고 앞으로 미디어를 통한 북한선교의 전략과 사역의 방향성에 대해서 논의해 보고자 한다.

1. 북한 미디어 이해

1) 북한 미디어의 기능 및 역할

북한 언론은 조선로동당의 선전선동부와 조직지도부를 중심으로 통제되고 있으며 정권의 체제 유지를 위한 선전 선동을 목적으로 하고 있다.[69] 1954년 10월 14일, '모든 힘을 새 민주 조선 건설을 위하여'라는 김일성의 연설이 있었던 평양시 군중대회를 평양방송국이 실황 중계함으로써 북한의 라디오 방송이 시작되었다. 매년 10월 14일을 '조선민주주의인민공화국 방송절'로 제정하였다. 광복 후 북한은 안정적인 정권 창출을 위해 신문, 잡지, 도서 등을 선전도구로 사용하고 있다.

1967년 12월 조선중앙 제1방송은 대내방송, 제2방송은 대외 및 대남방송을 하게 되었다. 이 시기에 최초로 TV 방송이 시작되었고 1963년 3월 3일 '평양텔레비죤방송국'이라는 명칭으로 개국되었다. 조선중앙텔레비죤 방송은 창설 후로 오늘까지 김일성과 당의 위대성, 당과 수령에 대한 선전용으로 이용되고 있다.

김정일은 1997년 5월 5일 TV방상사업 현지 지도에서 "조선중앙방송은 당의 힘 있는 선전 수단이며 당의 로선과 정책 실현을 위한 사상적 무기"라고 언급하였다. 현재 북한 정권은 모든 매스컴을 철저히 당의 통제에 두고 인민의 눈과 귀와 입을 막아 주체사상과 체제, 정권을 유지하기 위한 수단으로 사용하고 있다.[70]

첫째. 〈태양 아래〉를 통해 본 북한 미디어

북한의 미디어는 2016년에 방영된 비탈리 만스키 감독의 다큐멘터리 〈태양 아래〉를 보면 제대로 이해할 수 있다. 만스키 감독은 러시아와 북한 정부의 지원을 받아 평양 주민들의 생활상을 있는 그대로 보여 주고자 했다. 그러나 촬영 도중 북한 정부의 노골적인 개입과 조작, 왜곡의 과정을 겪으면서 북한의 거짓된 사상과 그 뒤에 숨은 진실에 대해 의구심을 품게 되었고, 기존의 제작 방향을 바꿔서 북한의 실상을 폭로하는 다큐멘터리로 〈태양 아래〉를 제작하게 되었다.[71]

북한 사회는 북한 정부의 기짓된 조자으로 외부 정보의 유입을 통제하고, 주민들을 눈과 귀를 막고 눈뜬장님을 만들었다. 이러한 현상은 미디어에 그대로 방영된 하나의 사례가 〈트루먼 쇼〉와 같은 〈태양 아래〉라고 볼 수 있다.

둘째. 북한 유튜버를 통해 본 북한 미디어

최근에는 북한 정부도 11세 '송아'와 '평양사는유미' 유튜브를 개설해 유창한 영어로 평양 시내 곳곳을 소개하고, '연미'는 중국어로 북한을 소개하는 영상을 제작해 북한 체제를 홍보했다. 하지만 세 채널은 2023년 6월 23일 계정이 중지되었다. 그 이외에도 유튜브에 '조선영화' 등 북한을 지칭하는 특정 검색어를 입력하면 북한 관련 영상들이 나오고, 'Choson Media', 'Moranbong Band', 'Moranbong Band HD', 'samjiyon', 등 많은 채널의 북한 영상을 통해 북한 체제를 선전하고 있다. 이처럼 북한의 미디어는 진실, 정의, 사회적 약자를 대변하는 저널리즘이 아닌, 독재자를 대변하는 선전·선동용 미디어로 전락했다.

2) 북한 미디어를 이해하는 관점에서 선교 미디어의 난제

북한에서 미디어는 김일성 일가에 대한 개인숭배와 충성심을 고취하기 위한 도구로 사용된다. 북한의 『방송리론』에 따르면 북한 방송의 임무는 크게 세 가지로 나눌 수 있는데, 첫째, 주체사상을 전파하는 사상교양자로서의 역할. 둘째,

경제/문화를 포함, 사회의 모든 분야를 김일성주의로 개조하고 대중을 각성, 조직 동원하는 문화교양자적, 선전 선동적 역할. 마지막으로는 남한 혁명을 통한 조국 통일을 이루기 위해 투쟁하는 것이다. 이는 대남방송, 대외방송을 통해 주체사상을 널리 선전 선동하는 도구로 이용하고자 함이다.[72]

자유민주주의와 개인의 권리 차원에서의 저널리즘이 아닌, 철저한 독재자를 위해 존재하는 언론 앞에서 공적인 가면을 쓸 수밖에 없다. 따라서 북한의 미디어는 개인의 소통방식이나, 사실 그대로를 보여 주는 하나의 채널이 아닌, 독재자를 변호하거나, 숭배를 위한 김씨의 개인 방송인 것이다. 이는 북한이 추구하는 집단주의, 즉 전체는 하나를 위해 종속되는 사회주의 대가정론에 입각하여 북한의 개개인들은 어버이 수령을 위해 연기하고 가면을 쓴다.

개인의 사생활 침해를 받으며 공적인 것을 위해 거짓과 조작을 통해서라도 수령의 충성심을 연기해야만 하는 북한 주민들의 관점이 있다. 어디까지 진심이고 어디까지 거짓인가? 북한 미디어에 대한 이해와 수용을 북한 관점과 기독교적 관점에서 어떤 차이가 있고 어떻게 이해하고 적용해야 하는가?

북한 주민들은 북한 미디어를 통해 독재자를 위한, 독재자를 대변하거나, 찬양하는 내용만 접해왔다. 따라서 기독교 세계관의 관점에서 하나님을 예배하고 찬양하고 성경을 가르치는 내용들은 북한의 김부자 하나님이나, 기독교에서 말하는 하나님이나 별반 다를 바가 없다고 느낄 수 있다. 북한 미디어 이해의 관점에서 또 다른 미디어를 수용하는 일은 북한 주민들에게 어려울 것이다.

북한의 하나님에서 기독교의 하나님으로 바뀌는 것은 쉽지 않다. 북한 주민들은 오랫동안 김일성을 신으로 섬겨왔고, 대한민국으로 왔을 때, 그들이 느끼는 공통점은 속아서 살아왔다는 적대심만 남았기 때문에, 이와 유사한 북한과 같은 종교 집단으로 접했을 때, 오히려 반발만 얻게 되기 때문이다.

북한의 하나님에서 기독교의 하나님으로 바뀌었다고 말하면, 타당한 말인가? 행동양식 안에서 북한의 세뇌된 문화를 통해 받아들이게 된 기독교의 문화, 신앙에 대한 변화를 어떻게 구분할 수 있는가?

2. 대북 방송을 위한 미디어의 이해

1) 대북 방송의 종류와 북한 미디어 연결망

첫째. 라디오

북한의 폐쇄적인 통제에도 불구하고 북한에 정보를 유입하는 수단으로 라디오 전파가 적극 활용되고 있다. 대한민국의 대북 방송은 지상파와 단파, 해외 주체 방송, 선교단체 방송 등 다양하게 운영되고 있다. 그중에서도 현재 확인되는 대북 선교 방송은 FEBC 극동방송과 선교단체가 운영하는 OKCN 광야의소리, TWR 북방선교방송, 순교자의 참소리가 있다.

둘째. 영상

2000년대 후반부터 북한에 MP3, CD, DVD, PC, 노트텔, 노트북, 휴대폰 등 영상 재생기기가 시장에 판매되면서, 북한 주민들 사이에서 영상 콘텐츠에 대한 수요가 증가하기 시작했다. 이에 중국을 통해 북한으로 반입된 한국 드라마와 영화가 암시장에서 판매되기 시작했고, 유튜브 영상도 DVD, USB, SD카드, 외장하드에 저장되어 판매되기 시작했다.

셋째. 휴대폰

손전화기(휴대폰)가 시장을 통해 보급되면서 빠르게 확산하고 있다. 북한의 휴대폰 가입자 수는 약 600만 명 수준이며, 평양의 휴대폰 보급률은 71%, 접경지는 31%의 수준을 보인다.[73] 고려링크, 강성네트, 별 3개 통신사가 3세대(3G) 이동통신 서비스를 제공하고 있다.

2000년 이후로 중국산 3G 휴대폰이 연락이나 문자 전송용으로 판매되다가, 2014년 이후로 '지능형 손전화'라는 명칭으로 스마트폰 판매가 증가하고 있다. 아리랑정보기술사(평양터치, 아리랑), 만경대정보기술사(진달래), 푸른하늘연합회사(푸른하늘), 광야무역회사(길동무), 보통강새기술개발소(철령) 등 모델별로 다양한 제조사에서 스마트폰을 제조하고 있다.

북한 회사에서 자체 개발 생산하는 것처럼 보이지만, 중국계 제조기업의 구형 모델을 완제품 또는 부품 형태로 수입하여 판매하는 것으로 드러났다. 다만 북한 제조 회사에서는 부품 조립, 운영체제, 기본 앱을 탑재하고 북한 현지에 맞게 가공하여 판매하고 있다.

북한의 휴대폰 발매로는 2013년 아리랑 AS1201, 2016년 평양 2418, 2018년 평양 2423, 2019년 평양 2425, 평양 2426, 2020년 평양 2428, 철령 201, 진달래7, 2023년 삼태성8[74]이 출시되었다.

북한은 스마트폰 인터넷을 차단하고, 와이파이 기능이 없고, 앱스토에서 앱구입을 금지하도록 했다. 북한 내에서 제작한 앱을 통해 도서관이나 정보를 열람할 수 있도록 했다. 그러나 SD카드를 통해 한국 드라마와 같은 영상이 유포되자, 북한 정부는 2017년 7월 휴대폰을 수거하여 SD 기능을 차단했다.

넷째. 인터넷

북한이 인터넷이 등장한 것은 2001년 중국 퉁터엔 부동산

회사의 이름으로 중국 선양과 북한 평양에 각각 인터넷 서버를 구축하여 북한 주민과 외국인 사이에 이메일 교환서비스를 제공하는 '실리뱅크'(www.silibank.com) 사이트가 개설되면서부터이다.[75] 현재 북한이 가진 인터넷 도메인 수는 약 1,000개이며, 해외 인터넷 연결고리는 중국차이나 유니콤과 러시아의 트랜스 텔레콤이다.

외부 세계와 연결되는 인터넷은 2007년 9월 11일 국제인터넷 주소관리기구(ICANN)으로부터 .kp 도메인이 승인된 이래 현재 약 28개의 도메인이 등록되어 있다. 이 시기에 북한은 트위터와 페이스북, 유튜브 등에 우리민족끼리 계정을 일제히 개설하여 북한의 방송 및 신문 기사를 포스팅하기 시작했다.

북한은 일반적인 내부 인트라넷으로 자체적인 '광명망'을 사용한다. 외부 인터넷과 연결되어 있지 않다. 북한에서 인터넷 사용은 국내외 우편과 정보·통신업무 등을 담당하는 체신부에 의해서 통제되고 있으며 북한의 일반 주민은 인터넷을 사용할 수 없다.

북한 내부에서는 인트라넷으로 북한 전역의 정보 네트워크 연결을 통해 전자메일 등을 통해 상호 연락이 가능하다. 북한 주민은 인트라넷을 통해 비디오콜, 노동신문의 구독, 각종 서적 및 자료의 열람, 전자우편 등이 가능하지만 비공개 통신망이기 때문에 외부 세계의 인터넷 사이트에는 접속할 수 없고 북한 이외 지역의 인터넷을 통해 북한 내부의 인트라넷에 접속할 수 없다.[76]

2) 대북 방송의 기능과 역할

대북 방송은 대한민국에서 북한 주민들에게 메시지를 전달하는 수단이다. 분단 초기에는 남북의 심리전 형태로 자신들의 체제를 옹호하고 선전·선동하는 적대커뮤니케이션[77]으로 시작했다. 이후 정권의 변화와 사회의 변화에 따라 프로그램과 내용 형식에 많은 변화가 생겼다. 초기에는 주로 논평과 대한민국 소식, 김씨 일가의 비리 폭로, 탈북민들의 수필, 남북 문화 비교 등 북한의 진실을 알리는 역할을 감당했다.

선교 방송으로는 찬양, 설교, 간증, 성경 공부 등을 통해 복음을 전하고, 예배하고, 말씀 양육하고, 신학까지 공부할 수 있는 프로그램을 송출했다. 또한 세례 교육을 통해 스스로 세례받고, 성찬식까지도 스스로 할 수 있도록 돕는 프로그램을 송출했다.

첫째. 지상파 라디오를 통한 대북 선교 방송

FEBC 극동방송은 1956년 미국의 TEAM(The Evagelical Alliance Mission)선교회가 한국복음주의방송협회를 창설하고 공산권 선교를 목표로 세운 우리나라 최초의 대외 방송이다.[78] 처음에는 중국 선교를 목표로 했지만, 1977년 한국인 국장(김장환 목사)이 취임하고 공동 운영되기 시작하면서 한국인 주도의 대북 방송으로 변화된다. 대표적인 프로그램으로는 〈복음의 메아리〉, 〈새벽예배〉, 〈북한을 위한 기도〉 등이 있다.

CBS 기독교방송은 1954년 12월 최초의 민영방송으로 설립되었다. 기독교방송의 설립 목적은 전파를 통해 복음을 전파하는 것이었고, 그 대상은 남한뿐만 아니라 북한의 핍박을 받는 성도들도 포함되었다. 대표적인 프로그램으로는 〈통일의 그날까지〉, 〈하나되게 하소서〉, 〈서울에서 평양까지〉가 있다. 기독교방송의 대북 방송의 흐름은 초기 심리전 대북 방송에서 북한선교를 위한 대북 선교 방송으로 그리고 평화와 통일에 대한 본격적인 논의를 다루는 방향으로 전환되었다.[79] 현재는 프로그램 제작이 중단된 상태이다.

둘째. 단파를 통한 대북 선교 방송

북방선교방송 TWR(Trans World Radio)은 전 세계 14개국, 230개 언어로 복음을 전하는 미디어 방송 선교단체이다. 1992년 홍콩에서 중국어 사역을 시작으로, 한국에서는 1995년 트랜스월드 라디오 한국 선교회를 설립하고, 1996년부터 'TWR Korea 북방선교방송'으로 방송을 송출하기 시작했다. 대표적인 프로그램은 〈방송신학〉, 〈매일성경〉, 〈TWR 성경학교〉 등이 있다.

광야의소리방송 OKCN(One Korea Christian Networks)은 모퉁이돌선교회가 2008년부터 시작한 방송 선교 사역이다. 대표적인 프로그램으로는 〈남북 연합예배〉, 〈한민족 선교뉴스〉, 〈입체낭독〉, 〈남과 북 우리는 한 가족〉 등이 있다.

순교자의참소리방송(The Voice of the Martyrs)은 1967년 시

작됐으나, 공식적으로는 2001년 에릭 폴리 목사 부부에 의해 한국지부가 설립됐다. 순교자의 소리는 다양한 북한 사역을 하고 있으며, 그중 하나가 라디오를 통한 대북 방송이다. 프로그램으로는 〈제자훈련〉, 〈음악청취〉 등이 있다.

3. 미디어를 통한 북한선교의 효율성

1) 대북 선교 방송의 효과

"북한에서 과연 외부의 라디오 방송을 자유롭게 들을 수 있는가?" "북한에서 외부의 라디오 방송, 특히 선교 방송을 몰래 들을 수 있다고 하더라도 그 방송 내용이 주민들에게 어느 정도 영향을 미칠 수 있는가?"[80] 대북 선교 방송을 기획하고 녹음하고 송출하면서도 청취자들의 반응 없이 일방적으로 송출하다 보니, 직업에 대한 회의적인 생각이 들 때가 있다.

1996년에는 처음으로 북한 주민의 편지가 인편으로 제주 극동방송에 전달되었으며, 2012년에는 북한 내 다섯 가정의 헌금 500위안과 극동방송을 들으며 적은 신앙 노트가 전달되기도 했다. 2021년에도 서울 극동방송에 북한 주민의 편지가 인편으로 도착하는 등 북한 내부에서 극동방송의 대북 선교 방송을 듣고 신앙을 유지하고 있는 성도들이 있음이 확

인되고 있다.[81]

 필자도 중국에 11년 동안 살면서 저녁이 되면 극동방송을 종종 청취했다. 저녁 11시부터 새벽 2시까지는 잘 들렸던 기억이 있다. 찬양을 테이프에 녹음하고 그 테이프를 자주 들었다. 또한 김장환 목사의 설교를 즐겨 들었다.

 강철환은 2009년 10월 기독교 통일포럼에서 강연하면서, 방송의 중요성을 강조하고 북에 라디오를 많이 보내야 한다면서 변방 지역의 경비병들이 한 달만 남한방송을 계속해서 들으면 대부분이 변화될 것이라고 역설하고 자기도 북에 있을 때 남한방송을 들었는데 극동방송도 들었다고 했다. "극동방송을 들었을 때 어떤 느낌이었나?" 질문에 "잠깐 들어서 잘 모르겠다. 다만 그 방송을 통해 '하나님'이라는 말을 처음 들었다."라는 간단한 대답을 했다.

2) 한류 문화와 영상의 효과

 필자는 북한 감옥에서 한국 드라마를 보다가 잡혀 들어온 죄수들을 만났다. 그곳에는 한국 드라마를 보다가 잡혀 들어온 죄수들이 있었다. 어떤 드라마를 봤는지를 물어보면 가을동화, 토마토, 첫사랑, 친구, 남자의 향기, 천국의 계단, 기시고기 등을 봤다고 했다. 이들 중에는 남조선[82]의 모든 여성은 송혜교와 같고 남성은 송승헌처럼 잘 생긴 사람들만 가득한 줄 알고 있었다. 또한 남조선 사람들은 드라마에서 나오는 고급 전원주택에서만 사는 줄 알고 있었다. 한국에서 인기 있는 드라마는 중국을 통해 북한에 밀수가 되었고, 대량 복제가 되어 암시장을 통해 거래되었다. 짧게는 한 주에서 한 달, 길게는 3개월에서 1년 정도의 시간이 지난 드라마도 재미와 이야기가 탄탄하면 고가에 거래가 되었다. 북한에서 '가을동화'나 '태양의 후예'와 같은 드라마를 보지 않으면 시대에 뒤처진 사람으로 분류된다. 그러나 이것도 평양 중심으로 하는 일부 지역의 말이다.

한국 드라마를 많이 보다 보면 한국의 언어와 문화를 자연스럽게 배우게 된다. 이러한 한국 드라마의 대사나 의상 등의 영향이 북한 전역에 유행이 되기도 했다. 심지어 김정은 장마당 세대는 한국 드라마를 보고 탈북하게 된 친구들도 있다. 이처럼 한류 문화 콘텐츠가 북한 내부에 활발하게 퍼질수록 북한 당국의 통제도 강화되었다. 통제하는 간부들조차 몰래 빼내어 유통하거나 시청하기 때문에 북한 주민들은 마약중독과 같이 한류의 유혹에 시달리고 있다.

한류의 영향을 잠재우기 위해 북한 당국은 2020년에는 '반동사상문화배격법'[83]을 제정하고 2021년과 2023년에는 '청년교양보장법'과 '평양문화어보호법'을 제정하여 한류 콘텐츠의 유입을 차단하고자 하였다. 그러나 그 이전에도 남한의 영상물을 시청, 소지, 유포하면 '반동선전선동죄', '국가전복음모죄'와 같은 규정으로 처벌하였고 김정은 정권 이후에는 북한 형법 제183조 '퇴폐적인 문화반입 유포죄'의 내용을 수시로 변경하면서 처벌 기준을 강화하고 있다. 단속 조직 강화 차원에서 2021년부터 반사회주의, 비사회주의 집중소탕 연합지휘부를 '82 연합지휘부'로 바꾸며 보고 체계를 일, 주, 월별로 강화했다.[84]

대표적인 한류의 영향은 한국 노래를 따라 부르거나 "오빠" 금지법이다. 북한의 청년들이 한국 드라마를 보고 OST의 가사를 적어 따라 부르거나 드라마에서 나오는 대사들을 따라 하면서 북한 당국에서 "오빠, 자기야"와 같은 단어들을 금지하는 법안을 만들어 낸 것이다. '평양문화어보호법' 원문을 살펴보면 '제30조 괴뢰 말투 제거용 프로가람[85]의 설치 의무'에 "기관, 기업소, 단체와 공민은 손전화기, 콤퓨터, 봉사기에 국가적으로 지정된 괴뢰 말투 제거용 프로그람을 의무적으로 설치하여야 한다."라고 명시했다. 또한 "괴뢰 말투를 따라 하면 전 사회적으로 멸시당하고 손가락질당하면서 얼굴을 못 들고 다니게 해야 한다.", "군중 투쟁 모임과 공개체포, 공개재판, 공개처형 등을 통해 썩어빠진 괴뢰 문화 오염자들의 기를 꺾어놔야 한다."라는 등 남측 말투에 대한 혐오감 및 경계심을 고스란히 드러내고 있다.[86]

처벌이 강화됨에도 불구하고 북한 주민들이 한류에 열광하는 이유는 한류 문화가 재미와 감동, 사랑, 자유, 꿈, 가능성을 담고 있기 때문이다. 이러한 가치는 자본주의의 근간인 돈을 통해 성공할 수 있다는 야망을 불러일으킨다. 김정은 장마당 세대는 철저하게 자본주의의 영향을 받았다. 이들은 북한의 시장경제 속에서 성상하니 돈이 없으면 살 수 없고 돈이 있으면 무엇이든 할 수 있다는 사실을 몸으로 익혔다.

따라서 이들에게 한국 드라마는 자유와 희망의 상징으로 여겨진다. 한류 문화의 영향은 북한의 강압적인 통제에도 불구하고 북한 주민들의 삶을 변화시키는 힘을 가지고 있다.

평양 청년세대에 관한 연구에서 이들의 의식구조를 '이중의식'으로 묘사했다.[87] 겉으로는 충성스러운 인민으로 행동하지만, 개인의 공간 또는 신뢰할 수 있는 또래 집단에서는 인간적 감정과 느낌을 갈망하고 일탈을 즐긴다는 것이다. 사적인 태도와 공적인 태도가 다른 이중사고와 이중의식을 무의식적으로 실천하고 있다는 것이다.[88]

북한 내부에 한류가 확산하는 것은 북한선교에도 긍정적인 영향을 미친다. 그런데도 〈오징어게임〉, 〈수리남〉 같은 반기독교적 영화는 북한에서 배우는 반기독교의 사상과 유사하여 부정적인 영향을 끼칠 수 있다. 그러나 대부분의 한류 드라마는 무엇이 거짓이고 진실인지에 관한 질문을 통해 폐쇄된 북한 사회에서 미디어를 통해 자유민주주의와 종교를 간접 체험할 수 있는 하나의 매개체가 될 수 있다.

4. 미디어를 통한 북한선교전략

1) 미디어 선교의 관점에서의 북한선교전략

북한선교를 위해서 먼저 미디어 선교의 개념과 정의를 통해 구체적인 실천 방안을 모색해야 한다. "미디어 선교란 통전적인 성경적 세계관을 통해 그리스도의 복음을 전하기 위해 전통적인 기성 미디어와 새로운 미디어의 상호작용을 위한 창의적이고 통합적인 용도를 개발하여 선교에 적용하는 것"[89]이다. 이를 미디어를 통한 통일선교에 대입시켰을 때, 중요하게 생각할 수 있는 몇 가지가 있다.

첫째. 통전적인 성경적 세계관을 통해 그리스도의 복음을 전할 수 있는 방법은 무엇인가? 둘째. 북한 주민, 혹은 탈북을 복음의 대상으로 삼을 때, 그들의 이념, 문화, 생활양식을 어떻게 이해하고 접근할 수 있는가? 셋째. 미디어의 상호작용을 위한 창의적이고 통합적인 선교 전략을 개발하기 위해서는 어떻게 해야 할까?

첫째 질문에 대한 답으로는, '복음학교' 혹은 교회의 말씀 양육을 통해 전도자를 양성할 수 있다. 둘째 질문에 대한 답으로는, 통일선교학교에서 다루는 북한과 탈북민 이해의 강의와 현장실습이 도움이 될 수 있다. 첫째와 둘째 질문에 대한 답은 이미 선교를 지향하는 교회나 단체에서 많이 다루고 있으므로, 이 장에서는 미디어의 영역만 다루려고 한다.

셋째 질문에 대한 답으로는, 미디어 선교의 영역에서 어떤 대상들이 미디어의 이해와 선교의 이해를 가지고 미디어를 선교의 도구로 사용할 수 있을 것인지에 대해 함께 고민하고 개발해야 할 필요성이 있다. 과거에는 미디어를 이해하는 데 큰 어려움이 있었지만, 지금은 유튜브에 미디어 관련 검색어만 입력해도 무료로 배울 수 있다.

미디어 장비를 구입하려면 큰 비용이 들었지만, 현재는 휴대폰 하나만 있으면 모든 것이 해결된다. 필자는 최근에도 교회 수련회 리뷰 영상을 휴대폰 하나로 촬영, 편집하여 만들었다. 이러한 영상 콘텐츠는 대상에 따라 메시지를 담고 편집하여 송출하거나 전달하는 역할이 중요하다.

2) 북한에 송출할 수 있는 채널과 북한선교전략

① 휴대폰

북한 주민들에게 휴대폰은 세상과 연결하는 중요한 매개체가 되었다. 휴대폰은 전화, 사진 촬영, 동영상 촬영, 북한 자료 열람 등 다양한 용도로 사용되며, 북한 주민들의 생활에서 중요한 필수품이 되었다. 북한 정부의 통제하에 제한된 정보만 활용할 수 있다는 단점이 있다. 그런데도 일부 북한 주민들은 중국 휴대폰을 통해 중국과 한국에 사진과 동영상을 보내고 전화 연락을 통해 돈을 보내고, 복음을 전하는 매개체로도 활용하고 있다.

휴대폰은 북한에 복음을 전할 수 있는 중요한 수단이 되고 있다. 휴대폰으로 복음을 전하는 것은 쉽지 않다. 먼저 탈북민들이 믿음에 확고히 서 있어야 하며, 북한에 친척이 있어 그들에게 복음을 전해야 하며, 전화를 받는 북한 주민이 복음을 받아들이기를 사모해야 한다. 이러한 여러 가지 변수들이 맞아서 떨어질 때, 한 영혼이 구원을 얻을 수 있다.

먼저 탈북민들에게 복음을 전하고 제자 삼는 사역이 북한 내지 사역으로 이어질 수 있다. 또한, 그들에게 경제적인 구제만 하는 것이 아니라, 어떻게 복음을 전할 수 있는지 훈련시켜야 한다. 북한 정부의 감시를 피해 연락하는 시간은 2~3분 이내로 제한되기 때문에, 긴급 도움을 요청하는 긴박한 전화에 길게 복음을 전하는 것은 쉽지 않다. 따라서 1분 이내로 복음을 제시하는 훈련, 또는 사례들을 발굴하여 표본으로 만들어 선교 전략을 제시해야 한다.

② 라디오

라디오도 북한에 복음을 전할 수 있는 효과적인 수단이다. 라디오는 북한 주민들에게 복음과 기독교 문화를 전달하는데 유용하다. 라디오 방송을 통해 북한 주민들에게 성경, 설교, 간증, 복음 제시 등의 메시지를 전달할 수 있다.

앞선 연구 사례를 통해서도 알 수 있듯이, 단파방송보다는 장파 극동방송과 KBS 한민족 방송이 새벽에 북한에서 잘 들린다. 중국 연길에서만 테스트해 봐도 알 수 있다. 북한에 중국산 라디오 기계를 보내고, 북한에 중국의 라디오가 자연스럽게 북한 주민들의 손에 흘러 들어가게 되면, 북한 주민 중 누군가는 라디오 주파수를 맞추다가 극동방송의 복음 메아리를 듣게 될 것이다.

③ 영상

북한 주민들도 영상문화를 공유하고 있다. 다만 북한 정부가 외부 영상을 차단하고 있지만, 북한 주민들의 수요는 계속 증가할 것이다. 휴대폰, PC, 노트넬, 노트북 등 디지털 기기를 통해 시청할 수 있는 대안을 모색해서 USB, SD카드에 콘텐츠를 담아 북한에 보내는 것도 하나의 방법이 될 수 있다. 한류 드라마를 대대적으로 보내되, 그 사이에 설교 동영상, 간증 동영상 등의 영상을 함께 보내면 북한 주민들에게 복음을 전할 수 있는 중요한 계기가 될 수 있을 것이다.

지금까지 북한의 미디어 이해와 대북 방송을 위한 미디어의 이해, 미디어 사역의 사례, 효율성을 통해 선교의 전략에 대해 살펴보았다. "하나님의 지혜에 있어서는 이 세상이 자기 지혜로 하나님을 알지 못하므로 하나님께서 전도의 미련한 것으로 믿는 자들을 구원하시기를 기뻐하셨도다"[90] 전도의 미련한 방법이 미디어를 통한 북한선교의 전략과 사역일지라도 하나님께서는 미디어를 통해 폐쇄적인 북한 사회에 복음을 전하는 통로로 사용하실 것이다.

전하는 자가 있으면 반드시 듣는 자가 있다. 서독 TV가 동독 시민들에게 큰 영향력을 미쳤듯이, 미디어를 통한 북한선교의 전략 또한 매우 중요하다. 앞으로 북한에 인터넷망이 깔리고 북한 주민들에게 외부 정보가 자유롭게 유입되고 인터넷 접속이 가능해진다면, 북한 주민들이 보고 공감할 수 있고 복음을 접할 수 있는 콘텐츠들을 개발해야 한다. 탈북민 성도들과 사역자들이 함께 이러한 일들을 기획하여 통일선교 콘텐츠들을 다량 생산해야 한다.

미디어를 통해서 전달되어야 하는 것은 메시지이다. 생명의 메시지를 북한 주민들이 듣고 공감할 수 있는 내용, 기독교 세계관 위에 신앙과 삶으로 연결될 수 있는 복음의 메시지가 중요하다. 이 사역을 위해서는 북한의 이해와 신앙과 선교와 미디어 선교에 대한 이해가 필요하다. 이러한 전문성을 가진 사람들이 북한 주민들의 입장을 고려하여 콘텐츠들을 만들어 내야 한다.

이제 사람의 발이 닿지 않는 곳도 손에 휴대폰만 있으면 무엇이든 보고 듣고 경험할 수 있는 시대이다. 미디어를 잘 활용하여 북한 주민들에게 복음이 전파되어 북한선교의 동역을 함께 할 수 있기를 기대한다. 미디어를 통한 북한선교의 다양한 실제적인 사례와 연구를 통해 북한선교를 위한 미디어 선교의 전략은 앞으로도 계속되어야 한다.

Part 5
북한선교 사역

1장. 북한선교 중보기도 사역

1) 기도사역은 북한선교의 부르심으로부터 시작되어야 한다.

 북한선교에서 가장 중요한 사역은 중보기도 사역이다. 인간의 힘으로는 불가능한 일이기 때문에 하나님께서 직접 개입하셔야만 가능한 사역이다. 또한 선교사 혼자 할 수 있는 일이 아니라 팀으로 함께 해야 한다.

 선교를 시작하기에 앞서 가장 중요한 것은 주님의 임재 가운데서만 하나님의 놀라운 역사를 경험할 수 있다. 주님의 임재 안에 머무르면 비로소 보이는 것들이 있다.

 하가랴의 아들 느헤미야가 한 말이다. 이십 년 기슬르월, 내가 도성 수산에 있을 때 나의 형제 가운데 하나인 하나니가 다른 사람들과 함께 유다에서 왔기에 이리로 사로잡혀 오지 않고 그곳에 남아 있는 유다 사람들은 어떠한지 예루살렘은 어떠한지를 물어보았다. 그들이 나에게 대답하였다. "사로잡혀 오지 않고 그 지방에 남은 사람들은 거기에서 고생이 아주 심합니다. 업신여김을 받습니다. 예루살렘 성벽은 허물어지고 성문들은 다 불에 탔습니다." 이 말을 듣고서 나는 주저앉아서 울었다. 나는 슬픔에 잠긴 채로 며칠 동안 금식하면서 하늘의 하나님께 기도하여 아뢰었다. 주 하늘의 하나님, 위대하고 두려운 하나님, 주를 사랑하는 이들과 세운 언약, 주님의 계명을 지키는 이들과 세운 언약을 지키시며 은혜를 베푸시는 하나님, 이제 이 종이 밤낮 주님 앞에서 주님의 종 이스라엘 자손을 위하여 드리는 이 기도에 귀를 기울이시고 살펴 주십시오. 우리 이스라엘 자손이 주님을 거역하는 죄를 지은 것을 자복합니다. 저와 저의 집안까지도 죄를 지었습니다. 우리가 주님께 매우 큰 잘못을 저질렀습니다. 주의 종 모세를 시키시어, 우리에게 내리신 계명과 율례와 규례를 우리가 지키지 않았습니다. 주님의 종 모세를 시키시어 하신 말씀을 기억하여 주십시오. 우리가 죄를 지었으면 주님께서 우리를 여러 나라에 흩어 버리겠지만 우리가 주님께로 돌아와서 주님의 계명을 지키고 실천하면 쫓겨난 우리가 하늘 끝에 가 있을지라도 주님께서 거기에서 우리를 한데 모아서 주님의 이름을 두려고 택한 곳으로 돌아가게 하겠다고 하신 그 말씀을 이제 기억하여 주십시오. 이들은 주님께서 크신 힘과 강한 팔로 건져내신 주님의 종이며, 주님의 백성입니다. 주님, 종의 간구를 들어주십시오. 주님의 이름을 진심으로 두려워하는 주님의 종들의 간구에 귀를 기울여 주십시오. 이제 주님의 종이 하는 모든 일을 형통하게 하여 주시고 왕에게 자비를 입게 하여 주십시오. 그때에 나는 왕에게 술잔을 받들어 올리는 일을 맡아 보고 있었다.[91]

느헤미야의 기도처럼, 영적으로 무너져 있는 그 대상들을 보게 된다. 그 대상들을 위해 기도하며 하나님 앞에 우리의 죄를 회개하고 전능하신 하나님의 긍휼을 구하며 하나님의 약속 말씀을 붙잡고 기도해야 한다. 하나님은 그 기도에 응답하신다. 기도의 응답으로 하나님께서는 바벨론 포로를 이스라엘로 돌아오게 하시고 성전 재건을 통하여 하나님의 뜻을 이루셨다.

북한선교도 먼저 느헤미야와 같은 중보의 사람이 되도록 기도해야 한다. "내 이름으로 일컫는 내 백성이 그들의 악한 길에서 떠나 스스로 낮추고 기도하여 내 얼굴을 찾으면 내가 하늘에서 듣고 그들의 죄를 사하고 그들의 땅을 고칠지라"[92] 하나님의 자녀들이 악한 길에서 떠나 회개해야 한다. 죽기까지 겸손해야 한다. 하나님의 얼굴을 찾고 그의 임재 안에 온전히 머물러야 한다. 그때 하나님은 우리의 죄를 사하고 땅과 사람을 고쳐 주신다. 하나님 앞에서 하나님의 얼굴을 구하며 나아가는 중보의 한 사람이 되어야 한다. 그 한 사람, 한 사람이 영적으로 무너져 있는 북한, 북한 주민, 제3국에 있는 탈북민, 대한민국에 있는 탈북민들 곁에서 하나님 앞에 아뢰며 기도할 때 하나님께서 고치시고 회복시키는 역사가 일어날 것이다.

2) 북한선교를 위해 무엇을 기도해야 할까?

첫째, 자신을 위해서 기도해야 한다. 하나님의 마음을 부어 주시고 하나님의 뜻을 깨닫게 하시고 북한을 향한 하나님의 사랑을 가지고 북한 그리고 탈북민을 보게 하시고 그들에게 하나님의 사랑을 전하고 살리는 사람이 되도록 기도해야 한다.

둘째, 북한 주민, 탈북민을 대상으로 선교하는 선교사를 위해 기도해야 한다. 선교사들의 선교 현장을 탐방하고 기도제목들을 받아서 기도하면 더 구체적으로 기도할 수 있다.

가장 중요한 기도는 선교의 현장에 동참하여 복음을 전하고 양육하고 사랑으로 섬기는 사역이다. 선교의 현장에서는 기도하지 않을 수가 없기 때문이다. 탈북민들의 삶을 아는 만큼 기도하게 되고 그 기도에 하나님은 응답하신다. 사역은 하나님께서 하시고 우리는 그의 도구, 또는 통로가 될 뿐이다.

함께 기도하기를 원하시는 분들을 위해서 Part 6에 '나라와 민족과 교회와 선교를 위한 기도문'과 '통일선교를 위한 21일 기도문'을 함께 실었다. 기도를 통해 어둠의 영들이 떠나가고 생명의 빛 되시는 예수 그리스도의 복음이 한반도에 충만하기를 기도한다.

2장. 북한 지하교회 사역

1) 북한에 지하교회가 있는가?

어떤 북한선교단체는 북한 지하교인 수가 10만에서 50만[93] 명 있다고 이야기한다. 또 어떤 교수는 북한에 지하교회가 없다고 이야기한다. 어떤 말이 맞는가?

질문 자체가 잘못되었다고 말하고 싶다. 하나님이 일하시기 때문에 하나님의 역사는 지금도 북한에서 계속되고 있다. 필자 또한 15세부터 여러 차례 북한에 들어가 복음을 전했다.

그러면 필자만 북한에 들어가 복음을 전했는가? 아니다. 중국에서 함께 공동체 생활을 하면서 북한에 들어가 복음을 전한 수많은 사람이 있다. 그들 중 살아서 대한민국에 오지 못한 형과 친구들이 있다. 그리고 대한민국에 필자처럼 살아서 나온 친구들도 정말 많다. 그들이 드러나지 않는 이유는 자랑할 것이 없고 마땅히 해야 할 일들을 한 것 뿐이기 때문이다.

아합과 이세벨의 박해로 인해 이스라엘에 남아 있는 신실한 자들을 찾지 못한 엘리야는 절망에 빠져 하나님께 죽음을 구한다.[94] 그러나 하나님은 엘리야에게 "내가 이스라엘 가운데에 칠천 명을 남기리니 다 바알에게 무릎을 꿇지 아니하고 다 바알에게 입맞추지 아니한 자니라"[95]고 말씀하신다.

북한은 세계에서 가장 강력한 종교 탄압 국가 중 하나이다. 그러나 북한에도 하나님께서 남겨두신 지하교회와 지하교인들이 있다. 정치범수용소에는 5만 명에서 7만 명으로 추정되는 기독교인이 수감되어 있다. 또한 북한 지하교회는 극도로 비밀리에 신앙을 지키고 있기 때문에 정확한 수를 파악하기는 어렵다. 그러나 하나님께서 북한에 남겨두신 그루터기 교인들과 지하교인들이 있다는 것은 분명하다. 이들은 북한의 극심한 박해 속에서도 신앙을 지키고 있다.

북한은 2008년 12월 18일 국가안전보위부의 담화를 통해 북한 내 지하교회의 존재를 공식적으로 언급하는 일이 있었다. 김정일 국방위원장을 해치려는 반공화국 암해 책동을 적발했다고 발표하는 담화문에서 보위부는 "종교의 탈을 쓰고 불순 적대분자들을 조직적으로 규합하려던 비밀 지하교회 결성음모가 적발 분쇄됐다"라고 밝힌 적이 있다.

북한에 지하교회가 확산하자 북한보위부[96]는 요원들을 탈북민으로 위장하여 중국 내지에 있는 선교사들을 납치하거나 또는 지하교인으로 위장하여 북한 내의 지하교인들을 색출하기도 했다.

북한 지하교회와 지하교인에 대해서 자세하고 정확하게 말할 수 없다. 필자도 지하교인의 숫자에 대해 대략 말할 수 있어도 추측일 뿐 정확한 숫자는 모른다. 최근에 유튜브로 지하교회에 대해 다뤄지고 있는 인터뷰 내용을 신뢰하지 못하는 사람들이 늘어나고 있다. 인터뷰 내용이 진실인지를 확인할 방법이 없기 때문이다.

필자와 같은 사람들이 중국에서 북한으로 들어가 전한 복음을 듣고 한국까지 온 지하교회 성도들도 여럿 만났다. 지하교회와 지하교인들을 만나면서 실제로 하나님을 믿는다고 하더라도 교리적인 미숙함으로 인해 구원받은 성도라고 할 수 있을지 의구심을 느낀 적이 있다. 삼위일체와 구원론에 대한 잘못된 정보나 미숙한 부분들로 인해 구원에 대한 확신이 없는 경우가 많기 때문이다. 북한에 떠도는 미신처럼 막연하게 기도하는 경우도 있기 때문이다.

중국에 있는 탈북민이나 한국에 있는 탈북민들에게 복음을 전하고 양육을 해도 마찬가지이다. 탈북민들이 믿음을 갖기까지 오랜 시간이 필요하다. 무신론적 사고에서 유신론적 사고로 바뀌기가 쉽지 않다. 한 공동체에서 먹고 살면서 말씀을 집중적으로 양육해도 성령 하나님의 강력한 역사가 있어야 하고 정말 오랜 시간이 걸린다.

그럼에도 하나님께서 하시고자 하시면 하실 수 있음을 믿는다. 구원은 하나님께 있고 하나님만 아시기 때문이다. 의심의 여지가 있는 사람들을 제한다고 하더라도 지하교인들은 많이 있다.

2) 북한 지하교회 돕는 방법

① 지하교인들을 돌보시는 하나님께 맡기라

"북한의 지하교회나 지하교인을 어떻게 도울 수 있을까?" 많은 사람은 물질적인 지원 사역을 생각하고 있다. 선교의 현장에는 복음을 전하기 위해 물질도 필요하다. 그러나 돈이 일하는 것은 아니다. 하나님께서 일하고 계시기 때문이다.

필자는 북한에서 복음을 전하며 하나님께서 일하시는 것을 경험했다. 돈이 없어도 하나님께서 일하심을 경험했다. 돈이 일하는 것이 아니라 하나님께서 역사하시는 상황과 사건들을 경험하면서 살아계신 하나님을 깊이 경험할 수 있었다.

따라서 북한의 지하교회와 지하교인을 돕는 방법은 돈으로 하는 것이 아니다. 오히려 돈으로 도우려고 생각한다면 그 사역을 그만두는 것이 좋다. 돕는 것이 아니라 목숨을 걸고 신앙을 지키는 그들을 더 위태롭게 할 수 있기 때문이다. 아니면 돈이 목적인 사람들을 도울 수도 있다. 북한 지하교회와 지하교인을 돕는 가장 좋은 방법은 기도이다.

하나님은 자기 백성들을 굶겨 죽이시지 않는다. "공중의 새를 보라 심지도 않고 거두지도 않고 창고에 모아들이지도 아니하되 너희 하늘 아버지께서 기르신다니 너희는 이것들보다 귀하지 아니하냐 너희 중에 누가 염려함으로 그 키를 한 자라도 더할 수 있겠느냐 또 너희가 어찌 의복을 위하여 염려하느냐 들의 백합화가 어떻게 자라는가 생각하여 보라 수고도 아니하고 길쌈도 아니하느니라 그러나 내가 너희에게 말하노니 솔로몬의 모든 영광으로도 입은 것이 이 꽃 하나만 같지 못하였느니라 오늘 있다가 내일 아궁이에 던져지는 들풀도 하나님이 이렇게 입히시거든 하물며 너희일까보냐 믿음이 작은 자들아 그러므로 염려하여 이르기를 무엇을 먹을까 무엇을 마실까 무엇을 입을까 하지 말라 이는 다 이방인들이 구하는 것이라 너희 하늘 아버지께서 이 모든 것이 너희에게 있어야 할 줄을 아시느니라 그런즉 너희는 먼저 그의 나라와 그의 의를 구하라 그리하면 이 모든 것을 너희에게 더하시리라"[97]

하나님은 자기 백성들을 돌보신다. 공중의 새, 들의 백합화, 들풀도 돌보시는 하나님께서 하물며 자기 백성들을 돌보시지 않으실까. 그러므로 우리는 먼저 하나님을 신뢰하고 염려를 하나님께 맡기는 것이 사역이다. 하나님께서 우리에게 필요한 모든 것을 먼저 아시기에 우리가 구해야 할 것은 먼저 하나님의 나라와 의를 구해야 한다. 북한의 지하교인들도 하나님께서 먹이시고 입히시고 하나님의 역사를 그들에게 나타내 보여 주신다.

북한의 지하교인들에게 목숨은 하나다. 하나님을 믿으면 죽는다는 것을 누구보다 더 잘 안다. 그러면 그들은 왜 하나밖에 없는 목숨을 걸고 하나님을 믿는가? 하나님께서 살아계심을 믿기 때문이다. 삶의 현장에서 경험하지 않고는 믿을 수가 없다. 그들은 날마다 하나님의 살아 역사하심을 보고 듣고 체험한다. 아픈 사람에게 손을 얹고 예수님의 이름으로 기도하면 치유의 역사가 일어나고 귀신 들린 사람에게 손을 얹고 예수님의 이름으로 기도하면 귀신이 떠나가는 역사가 일어난다.

성경에서도 엘리야 시대나 엘리사 시대에 보면 기근 가운데에서도 하나님은 하나님의 사람들을 먹이셨고 그를 돕는 사람들에게도 함께 하셔서 먹이시고 고치시는 역사를 볼 수 있다. 필자가 북한에서 경험한 내용도 이러한 성경의 역사와 닮아 있었다.

북한 지하교회와 지하교인에 대해 할 이야기가 있어도 말할 수 없는 것은 그들의 신변을 위협할 수 있기 때문이다. 오히려 어떤 형태로든 보안을 지켜 주는 것이 그들을 진심으로 돕는 사역이다. 지하교회와 지하교인을 돕는다면 가능한 아무도 모르게 돕는 것이 좋다. 북한은 종교를 탄압하는 국가이기 때문에 지하교회와 지하교인이 도움을 받았다는 사실이 알려지면 그들에게 위험이 닥칠 수 있다. 북한선교를 오래 할 수 있는 비결은 모든 것을 공개하지 않을 때 가능하다. 하나님 앞에서만 진실하게 기도하고 섬길 때 북한 지하교회와 지하교인을 돕는 사역은 지속할 수 있다.

지금도 북한에는 예수님을 믿는다는 이유로 순교를 당하는 이들이 있다. 북한 지하교회나 지하교인을 돕는다고 여론몰이하는 것은 오히려 그들의 신변을 위협할 수 있다.

② 북한 지하교회 사역은 오직 기도

우리가 이들을 위해서 할 수 있는 것은 오직 기도밖에 없다. 정치범수용소의 문이 열리고 예수 믿는 사람들이 자유를 얻는 그날을 위해, 지하교인들을 만나 함께 예배할 수 있는 그날을 위해서 우리는 기도해야 한다.

어떤 이의 기도가 간절하겠는가? 한국교회 성도들인가? 북한의 지하교인들인가? 마치 예수님께서 십자가를 지시기 전 땀방울이 핏방울이 되도록 기도하신 것처럼 그들은 매일

매일 목숨을 걸고 기도한다.

"나를 사랑하는 자들이 나의 사랑을 입으며 나를 간절히 찾는 자가 나를 만날 것이니라"[98] 하나님의 임재 가운데 성령 하나님의 충만하심으로 하나님의 나라가 그들에게 임할 것이다. 그들은 날마다 예수님과 동행할 것이다. 하나님께서 그들과 함께하시기 때문이다. 북한 지하교인들은 우리를 위해 기도한다. 우리도 그들을 위해서 기도하자. 예수 그리스도 안에서.

3장. 북한교회 재건 사역

1) 북한교회 재건의 당위성

 남북 분단 이전, 북한에는 천 5백 개에서 3천 개의 교회가 있었다. 그러나 70여 년이 지난 현재 북한에는 온갖 우상이 하나님의 자리를 대체했다. 하나님은 예수 그리스도의 피 값으로 사신 교회를 기뻐하신다. 교회가 소망인 이유는 예수 그리스도께서 교회의 머리 되시고 우리는 그의 지체됨으로 하나님의 나라를 이 땅에서 이루어 가시기 때문이다. 하나님은 반드시 북한의 우상을 제하실 것이다. 그리고 다시 그곳에 교회가 세워져 하나님을 예배할 그날을 허락하실 것이다.

 북한에 교회를 재건해야 하는 이유는 무엇일까? 북한의 개혁개방이나 통일 또는 독재정권이 무너지는 것보다 더 중요한 것은 하나님이 예비하신 한 영혼에게 하나님의 사랑으로 복음을 전하고 잃어버린 영혼들이 돌아오도록 교회를 세우는 것이다. 거짓된 우상을 섬겼던 북한 주민들이 하나님께로 돌아와 하나님을 찬양하며 예배하며 하나님께 영광을 올려드리는 것이 하나님께서 기뻐하시는 사역이기 때문이다.

 우리가 준비해야 할 것은 하나님께서 대한민국에 보내신 탈북민 한 명을 하나님의 사랑으로 온전히 섬기는 것이다. 이 사역은 통일 후 북한에 교회 하나 세우는 것과 같다.

 교회는 사도적 고백 위에 세워졌다. "주는 그리스도시요 살아계신 하나님의 아들이시니이다. 내가 이 반석 위에 내 교회를 세우리니 음부의 권세가 이기지 못하리라."[99] 교회는 예수 그리스도를 주로 고백하는 사람들의 모임이다.

2) 교회 세우기 준비

첫째, 복음의 사람 준비

복음의 사람은 예수 그리스도를 따르고 그분의 사랑과 섬김을 실천하는 사람을 말한다. 복음의 사람은 북한 주민들에게 복음을 전하고 북한교회 재건에 참여할 것이다.

복음을 전하고 선교해야 할 대상은 다음과 같다. 북한 내 북한 주민은 25,503,000명[100]이고 중국 내 탈북민은 15만~30만 명으로 추정하고 있다. 한국에 입국한 탈북민은 34,021명[101], 해외에 거주하고 있는 탈북민은 7천 명 정도로 추정된다. 이들 중 일부는 복음을 받아들여 신앙생활을 하고 있고 복음의 사람으로 성장하고 있다.

북한은 그루터기교회 성도, 지하교회 성도들이 있고 중국에서는 가정 또는 가정교회에서 탈북민들이 신앙생활을 하고 있다. 한국에서는 탈북민교회와 한국교회가 함께 북한교회 재건을 위한 준비를 하고 있다. 탈북민교회에는 탈북민과 한국인이 함께 신앙생활을 하며 한국교회에는 북한선교에 헌신한 한국 성도들이 준비되고 있다.

그 이외에도 북한, 중국, 한국, 해외에서 북한선교에 헌신한 성도들이 선교사로 활동하며 북한교회 재건을 위해 노력하고 있다. 중국교회 사역자들도 북한교회 재건을 위해 준비하고 있다.

둘째. 탈북민교회와 함께 북한교회 재건 준비

탈북민교회는 북한에서 온 탈북민들이 대한민국 지역에 있는 교회에 모여 예배하고 신앙생활을 하는 공동체이다. 탈북민교회는 북한교회 재건에 있어 중요한 역할을 할 것이다.

대한민국에는 약 200명의 탈북민 사역자와 70여 개의 탈북민교회가 있다. 탈북민 사역자들은 대한민국에서 교회를 개척했지만, 북한에도 교회를 개척하고자 하는 마음을 갖고 있다.

필자가 탈북민 사역자 42명[102]을 대상으로 설문조사를 했다. "북한이 열리거나 혹은 종교의 자유가 있어서 교회를 세울 수 있다고 한다면 사역자님은 북한 어느 곳에 교회를 세우시겠습니까?" 함경북도 15명, 평양 6명, 함경남도 3명, 평안북도 3명, 평안남도 3명, 량강도 2명, 자강도 2명, 강원도 2명, 황해남도 2명 순으로 응답했다. 아직은 꿈에 불과하지만, 하나님은 꿈을 현실로 이루어 주실 것을 믿는다. 탈북민교회가 잘 세워지면 북한에 이양시켜 북한에 교회를 세우면 된다. 어둠의 땅 북한에 예수 그리스도의 빛을 밝힐 수 있는 교회가 세워지는 것을 날마다 기도하고 준비해야 한다.

탈북민교회는 실제로 준비하고 기도하고 있다. 한국교회도 탈북민교회와 함께 북한교회 재건 사역을 구체적으로 준비해야 한다.

셋째. 북한지역의 도시연구

북한은 사회주의 국가이기에 한국과는 다른 문화와 정치적 환경을 가지고 있다. 북한지역의 도시연구를 통해 북한의 실상을 이해하고 그에 맞는 교회 세우기 전략을 수립해야 한다.

북한에 교회를 세우기 위해서는 교회 세울 위치를 선정해야 한다. 심지어 교회 모형까지도 만들어 북한에 가서 교회를 짓게 되면 똑같이 지으려고 미리 지어놓은 교회에서 2박 3일 수련회를 하기도 했다.

해방 후 북한에는 3천여 교회가 있었다. 그 교회들의 위치를 파악하고 그 교회 터 위에 교회를 재건하는 것도 하나의 방법일 수 있다. 북한의 27개 주요 도시를 정하고 집중하여 연구해야 한다. 북한의 지역 인구, 특정 건물, 대중교통, 교회 세울 위치 등을 놓고 구체적으로 배우고 기도하면서 준비해야 한다.

북한의 지역을 선정하고 북한 내 가정, 지하교회, 병원, 학교, 복지시설을 찾아 연계하여 사랑을 실천하는 것도 중요하다. 또한 탈북민교회, 북한선교 단체나 교단, 숭실대학교 기독교통일지도사학과와 같은 연구기관들과 협력하여 정보를 백업하고 구체적인 방안을 모색하는 것이 중요하다.

넷째. 한국, 해외교회 내 준비

북한선교와 북한교회 재건의 부르심을 받은 교회나 성도들이 함께 북한선교 기도 모임을 시작하여 북한선교 학교와 같은 교육 프로그램을 개발하고 중보 기도팀, 탈북민 협력 사역팀, 탈북민교회 협력 지원팀, 북한교회 재건팀 등 팀 사역을 통해 해외 지역에 있는 탈북민을 돕거나 한국에 있는 탈북민교회와 협력하여 사역을 구체화하는 것도 하나의 대안이다. 또한 북한교회 세우기를 위해 한국교회 내 독립적인 교회 개척 목적으로 남북이 함께 하는 탈북민교회를 세워야 한다. 또한 탈북민교회나 북한교회 재건을 위해 기금조성 및 자립을 위한 방안을 모색해야 한다.

북한교회 개척은 우리가 주도적으로 할 수 있는 영역이 아니라 하나님께서 도우셔서 연합을 이루시고 각 기관과 단체와 교회가 예수 그리스도 안에서 먼저 하나가 될 때 비로소 가능하다는 것이다.

> "여호와께서 집을 세우지 아니하시면 세우는 자의 수고가 헛되며 여호와께서 성을 지키지 아니하시면 파수꾼의 깨어 있음이 헛되도다" (시 127:1)

북한에 세워질 교회는 어둠의 땅을 밝히는 예수 그리스도의 생명 빛이 되어 영적 우상에 묶여 있던 북한의 주민들을 살리고 남과 북이 예수 그리스도 안에서 하나가 되어 하나님을 예배할 것이다. 그날이 오기까지 교회여 일어나라!

4장. 엔케이피플 선교 사역

1) 엔케이피플 시작하게 된 배경

엔케이피플선교회는 2010년 12월 백 집사님을 만나면서 시작되었다. 중국에서 일명 '성경통독반'에 있었던 친구들이 한국에 와서 자본의 맘몬 앞에 굴복하는 것을 보면서 "우리가 여호와를 알자 힘써 여호와를 알자"[103]는 말씀을 붙잡고 "통일의 씨앗" 이름으로 탈북 청년들이 매주 토요일마다 모여 말씀 양육을 통해 신앙과 전문성으로 준비되는 전문인 선교사로 준비했다. 2013년에는 예수님을 믿지 않는 탈북 청년들과 제3국 출생 자녀들에게 장학금 지원 등 어려움에 있는 탈북민을 돕는 사역을 확장하면서 "탈북민닷컴"으로 개명했다. 이후 복음과 구제의 사역을 더욱 확장시켰으며 2016년에는 '엔케이피플선교회'로 개명하고 독립 교단(KAICAM)에 가입하여 현재까지 사역을 이어오고 있다.

2) 엔케이피플 비전

North Korea People 탈북민들에게 예수님의 사랑을!
New Korea People 예수님의 사랑으로 남북통일을!
New Kingdom People 하나님 나라를 품고 열방을!

3) 엔케이피플 소개

엔케이피플선교회는 통일시대에 사람을 준비하는 북한선교단체이다. 생명을 살리고 복음을 전하여 하나님의 사람들을 세우는 것을 목적으로 한다. 선교사를 준비시키고 파송하여 북한에서 탈출한 탈북민을 보호하고 그들에게 복음을 전하고 양육하여 자유의 땅 대한민국으로 안전하게 구출하도록 돕는다. 또한 남북 청년들에게 장학금 지급 및 일대일 제자양육을 통해 '전문인 선교사'로 준비시키고 있다. 민족을 살리는 에스라와 느헤미야처럼 복음의 군사들을 준비시켜 서울에서 평양, 평양에서 땅끝까지 복음의 증인으로 함께 동역하는 것이다.

4) 엔케이피플 사역 방법

엔케이피플 사역 방법으로는 1단계: 구제&관계 사역으로 탈북민들과 공감하고 친구되는 사역으로 구제를 통해 관계를 맺는다. 2단계: 복음 전도사역으로 관계 맺은 탈북민들에게 하나님의 사랑을 전한다. 3단계: 가족&교회 공동체 사역으로 탈북민들과 함께 영적 가족이 되고 교회 공동체 안에서 하나님을 예배하며 함께 살아간다. 4단계: 제자화(일대일 양육) 사역으로 "예수제자" 일대일 양육을 통해 멘토로 세우고 사역을 함께 동역한다. 이벤트성에 그치는 사역이 아니라 지속적인 관계 안에서 탈북민들에게 복음을 전파하고 병을 고치고 하나님 나라를 가르친다. 이 사역을 위해 함께 선교하고 함께 예배드리고 함께 양육 받고 양육한다.

5) 엔케이피플 주요 사역

① 남북 청년 '예수제자' 일대일 양육 사역

2030 남북청년들 대상으로 일대일 제자양육을 통해 신앙과 전문성을 갖춘 전문인 선교사로 준비하고 있다. 이를 위해 맞춤형으로 제작된 '예수제자' 양육교재를 가지고 멘토와 멘티가 월 1~2회를 정기적으로 만나 하나님의 말씀 안에서 교제와 기도로 하나님을 닮아 가고 있다.

② 탈북대학(원)생 장학금 사역

2030 탈북대학생을 대상으로 '엔케이피플 장학생'들을 선발하여 빵과 복음을 통해 생명의 떡 되시는 예수 그리스도를 전하고 양육하는 것을 목적으로 1년 단위로 매월 20만 원씩 장학금을 지급하고 있다. 장학생들은 일대일 연결을 통해 신앙적으로 돕고 교육과 정착에 도움을 주고 있다.

③ '탈북민 사랑의 희망금' 사역

탈북민들의 아사 뉴스를 접하고 주변의 탈북민들에게 희망을 주고자 '탈북민 사랑의 희망금' 지원 사역을 시작하게 되었다. 다양한 어려움 가운데 있는 탈북민들에게 정기적인 후원금으로 하나님의 사랑을 흘러 보내고 있다. 앞으로도 하나님의 사랑을 계속 흘러 보낼 것이다.

④ 탈북구출 및 중국 쉘터 사역

2010년부터 현재까지 선교사님들과 협력하여 탈북구출 사역을 진행하고 있다. 1년에 많을 때는 100명 이상 구출했지만, 코로나19 이후로 구출사역은 현저히 줄어 들었다. 그럼에도 여전히 중국에서 어려움 가운데 있는 탈북민들에게 복음을 전하고 자유의 대한민국으로 구출하는 사역은 계속 될 것이다.

⑤ 남북청년 독서, 스포츠, 교육 사역

남북청년들과 함께 다양한 독서토론 모임을 여러차례 진행했다. 또한 '글쓰기 아카데미', '미디어선교 영상아카데미', '엔케이피플 봉재교육', '유니FC축구모임', '엔케이퍼즐' 등 다양한 사역을 현재도 진행하고 있다. 이러한 남북청년들의 교류와 교육을 통해 신앙과 전문성을 겸비한 통일시대의 지도자들로 양성하고 있다.

Part 6
통일선교,
기도로 문을 열다

1장. 나라와 민족과 교회와 선교를 위한 기도문

1. 주여! 우리의 죄를 용서하여 주소서!
(회개기도)

1) 예수님을 왕으로 인정하지 않고 내가 내 삶의 주인이 되어 교만하게 살았던 죄를 용서하소서.
2) 맘몬을 숭배하고 쾌락 사랑하기를 하나님 사랑하는 것보다 더했던 죄악을 용서하소서.
3) 구원의 감격을 잃어버리고 형식적인 신앙생활을 하면서 남을 정죄했던 죄를 용서하소서.
4) 하나님의 말씀에 불순종하고 세상과 타협하며 불의를 행했던 죄들을 용서하소서.
5) 하나님 나라를 모형으로 주신 가정을 우리의 이기심으로 깨뜨린 죄를 용서하소서.

2. 주여! 우리나라를 회복하여 주소서!
(나라를 위한 기도)

1) 대통령과 위정자들이 하나님의 말씀을 따라 국정을 이끌어 거룩한 대한민국을 이루게 하소서.
2) 진영논리로 갈등하는 이 나라가 그리스도의 십자가 사

랑으로 치유되어 평화로운 대한민국을 이루게 하소서.

3) 양극화 현상과 청년 실업, 저출산, 정경유착 등이 해결되고 번영하는 대한민국이 되게 하소서.

4) 동성애 합헌을 위한 헌법 개정 시도를 막아주시고 동성애자들이 그리스도의 사랑으로 치유되어 정결한 대한민국을 이루게 하소서.

5) 이단과 사이비, 이슬람 세력의 확산을 막아주시고 그 실체가 드러나 무너지게 하소서.

3. 주여! 한국교회를 부흥케 하소서!
(한국교회를 위한 기도)

1) 목회자들이 성령으로 충만하여 영적 권위를 회복하고, 각 사람을 예수님의 제자로 세우게 하소서.

2) 한국교회가 성령 충만하여 복음의 능력을 회복하고 주의 영광을 나타내게 하소서.

3) 한국교회가 세속화되지 않고 복음의 열정으로 이 민족을 품고 사랑하게 하소서.

4) 한 성령 안에서 기도하는 그리스도인들이 국민 통합과 복음통일의 구심점이 되게 하소서.

5) 한국교회 위에 주의 영을 부으시고, 민족 복음화와 세계 선교의 비전을 가지고 일어나게 하소서.

4. 주여! 복음적 평화통일을 허락하소서!
   (북한과 통일을 위한 기도)

1) 김일성-김정일-김정은의 우상들이 무너지고 교회가 재건되어 남북 성도들이 함께 예배하는 그날을 주소서.

2) 주변 열강들이 한반도 통일을 협조하여 복음통일을 이루고 제사장 민족이 되게 하소서.

3) 북한의 핵 도발을 막아주시고 전쟁이 아닌 평화를 도모하며 피 흘림이 없는 복음통일을 이루게 하소서.

4) 탈북민들의 아픔이 복음의 능력으로 회복되어 민족의 아픔을 치유하는 전문인 선교사로 준비되게 하소서.

5) 한국의 학교와 교회가 복음통일을 실질적으로 준비하는 전문가들을 세우는 일에 앞장서게 하소서.

5. 주여! 약속하신 성령을 부어 주소서!
   (성령의 기름 부으심을 위한 기도)

1) 약속하신 성령을 기대하며 사모함으로 나아갈 때 성령으로 충만하게 하소서.

2) 약속하신 성령을 부어 주셔서 죄악을 이겨내고, 마귀를 물리치고, 세상을 변화시키게 하소서.

3) 약속하신 성령을 부어 주셔서 말씀을 통해 예수님을 깊이 만나고 사랑하게 하소서.

4) 성령으로 충만하여 하나님을 사랑하고 원수된 이웃까지도 사랑하는 마음을 주소서.

5) 성령의 임재 안에서 가정, 교회, 직장, 세상 속에서 빛을 밝히는 제자의 삶을 살아가게 하소서.

6. 주여! 예수 증인의 삶을 살게 하소서!
(엔케이피플 기도)

1) 탈북 청년들이 '예수제자' 일대일 양육을 통하여 자기를 부인하고 예수님을 따르는 제자들이 되게 하소서.

2) 장학생들이 복음을 듣고 말씀의 양육을 통해 신앙과 전문성을 갖춘 전문인 선교사들로 세워지게 하소서.

3) 중국과 한국에 있는 어려운 탈북민들에게 하나님의 사랑과 희망의 나눔을 통해 생명이 살아나게 하소서.

4) 중국에서 고통 당하고 있는 탈북민들에게 복음을 전하고 대한민국으로 안전하게 구출하게 하소서.

5) 남북청년들이 스포츠, 독서, 교육을 통해 믿음의 동역자들로 세워져 땅끝까지 복음을 전파하게 하소서.

2장. 통일선교를 위한 21일 기도문

1) 북한을 향한 하나님 아버지의 마음을 주시옵소서.

> "흑암에 행하던 백성이 큰 빛을 보고 사망의 그늘진 땅에 거주하던 자에게 빛이 비치도다" (사 9:2)

구원의 하나님을 찬양합니다. 하나님은 우리를 살리시기 위해 하나님의 독생자 예수님을 낮고 낮은 이 땅에 보내 주셨습니다. 예수님은 우리 모두의 죄를 담당하시어 십자가에서 하나님과의 화평, 이웃과의 화평을 이루셨습니다. 또한 어둠의 존재인 인간들에게 빛을 주셔서 생명의 길로 인도해 주셨습니다. 그 생명의 빛이 한반도에 비추게 하셨고 1907년 평양 대부흥과 같은 역사를 남기셨습니다.

그러나 한반도는 서로의 다른 이념으로 서로서로 죽이는 한국전쟁을 강행하였습니다. 그로 인해 수많은 사람의 희생을 낳았고 그 결과 한반도는 남과 북으로 나뉘었습니다. 한반도는 70여 년이 넘는 지금까지도 서로가 핵과 핵으로 견제하며 대치하고 있는 상황입니다. 하나님, 분열된 이 땅에 정치 이념으로 하나가 되기보단 이 땅에 예수 그리스도의 복음이 필요합니다. 오직 예수 그리스도의 사랑만으로 하나가 될 수 있습니다.

남한에는 수많은 십자가를 세운 교회들이 있음에도 온갖

죄악이 만연해지고 있고 북한에는 십자가의 자리를 김씨 일가의 우상으로 대체하고 하나님의 백성들을 억압하는 모습을 주님 보고 계시는지요. 하나님 이 민족을 불쌍히 여겨 주시옵소서.

그럼에도 주님의 빛이 이 땅을 덮고 있기에 남한에 아직도 꺼지지 않는 기도의 불씨, 예배의 불씨를 허락하셔서 하나님의 역사를 이루어 가게 하시고 북한에도 "저들은 죽어야만 할 대상들이 아니라 예수 그리스도의 생명으로 회복되어야 할 하나님의 형상"들로 보게 하셔서 생명을 건 선교사님들을 통해 구원의 복음을 이루어 가게 하시고 중보자들을 세우셔서 기도하게 하심을 감사합니다.

오늘부터 21일간 북한을 위해 기도할 때 기도하는 중보자들에게 성령의 능력으로 함께 하셔서 북한을 향한 하나님 아버지의 마음을 부어 주소서. 이 민족이 예수 그리스도의 사랑으로 하나가 되고 하나님께서 고치시고 회복시키시는 하나님의 역사를 보게 하소서. 구원의 빛 되시는 예수 그리스도의 이름으로 기도드립니다. 아멘.

2) 북한의 지하교회를 위해 기도합니다.

"우리 하나님이여 지금 주의 종의 기도와 간구를 들으시고 주를 위하여 주의 얼굴 빛을 주의 황폐한 성소에 비추시옵소서 나의 하나님이여 귀를 기울여 들으시며 눈을 떠서 우

리의 황폐한 상황과 주의 이름으로 일컫는 성을 보옵소서
우리가 주 앞에 간구하옵는 것은 우리의 공의를 의지하여
하는 것이 아니요 주의 큰 긍휼을 의지하여 함이니이다"
(단 9:17-18)

빛 되신 하나님을 찬양합니다. 하나님은 한반도에 지금까지 빛을 비추고 계셨습니다. 남한에도, 북한에도 생명의 빛을 비추고 계셨습니다. 그 빛은 단 한 번도 꺼진 적이 없었습니다. 고난이 더할수록 박해가 더할수록 하나님은 박해받는 그들과 함께하셨습니다. 한국 전쟁 이후로 북한의 공산정권 박해에도 불구하고 신앙을 지키는 그루터기 신앙인들을 지켜 주셨습니다.

1994년 이후로 북한의 '고난의 행군' 기간에는 수많은 북한 사람이 북한을 탈출해서 중국에서 선교사님들을 만나 복음을 접하게 하셨습니다. 불러내신 그들을 또한 북한에 들어가 생명의 빛을 전하는 사도들로 세우셨고 북한의 지하교회를 세우셨습니다. 이 모든 것은 황폐한 상황 가운데 북한 사람을 불러 구원하신 하나님의 은혜였습니다.

북한에는 예수님 믿는다는 이유로 정치범수용소에 구금된 수많은 지하교인이 있습니다. 하나님 정치범수용소에서 순교한 이들의 피를 기억하여 주시옵소서. 하나님. 지금도 일어나고 있는 북한의 순교자들을 언제까지 지켜보고만 계시렵니까? 언제까지 이들이 고통 가운데에서 하나님을 부르짖어야 합니까? 하나님 이들을 불쌍히 여겨 주시옵소서. 서로

를 죽이는 악의 모습을 제하여 주시고 북한에도 종교의 자유가 보장되어 남과 북의 성도들이 함께 예배드릴 그날을 허락하소서.

목숨을 걸고 예배드리며 정금과 같이 주님과 연합한 이들을 하나님은 기뻐하시고 사랑하십니다. 이들의 간구를 들으시고 주의 권능의 강한 팔로 보호하여 주시옵소서. 북한의 지하교인들을 통해 세계 선교를 이루어 가게 하소서. 우리에게 소망을 주시는 예수 그리스도의 이름으로 기도드립니다. 아멘.

3) 북한의 우상인 주체사상과 독재가 무너지기를 기도합니다.

> "어리석은 자는 그의 마음에 이르기를 하나님이 없다 하는도다 그들은 부패하고 그 행실이 가증하니 선을 행하는 자가 없도다" (시 14:1)

만왕의 왕이신 하나님을 찬양합니다. 세상의 헛된 모든 우상은 예수 그리스도의 이름 앞에 무릎 꿇게 하시고 예수 그리스도만이 진정한 구원자임을 보게 하소서. 북한의 우상인 주체사상과 독재가 예수 그리스도의 이름으로 무너지게 하시고 다시 한번 북한 땅에 십자가 교회가 세워지는 그날이 오게 하소서.

북한의 장대재 언덕 위에는 1907년 평양 대부흥의 원산지

였던 '장대현교회'가 자리하고 있었고 하나님을 예배드렸지만 현재는 김씨 일가의 동상들로 대체 되었습니다. 하나님을 섬겼던 하나님의 백성들이 지금은 헛된 우상들을 섬기고 있습니다. 그들은 어리석은 자가 되어 하나님을 모른 채 살아가고 있습니다.

북한 정권은 "신앙의 자유"가 있는 것처럼 하지만 김씨 일가와 주체사상으로 북한의 주민들을 세뇌하고 있고 하나님을 만날 수 있는 종교의 자유마저 박탈하였습니다. 심지어 예수 믿는 사람들을 정치범수용소에 구금시키고 온갖 학대와 고문을 가하고 있습니다. 북한 주민들이 김씨 일가의 우상화와 주체사상의 어리석은 속임수를 깨닫게 하시고 북한의 우상으로부터 돌이켜 예수 그리스도만이 구원자임을 믿을 수 있는 날이 오게 하소서.

바로를 강팍하게 하셨던 하나님, 애굽과 이스라엘 백성들로 하여금 하나님이 하나님이심을 하나님의 능력을 통해 보게 하였듯이 북한을 통해 전능하신 하나님의 역사를 보게 하소서. 목숨을 걸고 하나님의 신앙을 지키는 하나님의 사람들을 통하여 살아계신 하나님의 증언을 듣고 하나님을 찬양하는 그날이 하루속히 오게 하소서.

현재의 만수대언덕이 장대재 언덕으로 바뀌고 김일성 동상이 무너지고 그 자리에 "장대현교회"가 재건이 되는 역사를 이루시어 남북 성도들이 함께 거룩한 흰옷을 입고 하나님을 찬양하는 찬양 축제가 일이니는 그날이 오게 하소서. 대저 물이 바다를 덮음 같이 여호와를 인정하는 것이 세상에 가득하게 하소서. 어두움을 몰아내고 빛으로 생명을 밝히시는 예수 그리스도의 이름으로 기도드립니다. 아멘.

4) 북한의 교회가 재건되기를 기도합니다.

> "이스라엘의 하나님은 참 신이시라 너희 중에 그의 백성 된 자는 다 유다 예루살렘으로 올라가서 이스라엘의 하나님 여호와의 성전을 건축하라 그는 예루살렘에 계신 하나님이시라" (스 1:3)

능력의 하나님을 찬양합니다. 민족의 가슴마다 피 묻은 그리스도를 심어 이 땅에 하나님의 나라가 이뤄지도록 곳곳마다 교회를 세워주심을 감사드립니다. 한반도의 분단 이후로 북쪽에는 그루터기 신앙인들과 지하교회를 세워주셨고 남쪽에는 5만여 개의 교회를 세워주셔서 감사드립니다.

한 손에 복음 들고 한 손엔 사랑을 들고 온 땅 구석구석 누비는 나라가 되게 해 달라고 기도하셨던 믿음의 선배님들의 기도를 하나님께서는 응답해 주셨습니다. 이 모든 것은 하나님의 은혜였습니다.

한반도에는 해방 전에도 3천여 개의 교회가 존재했었지만 북쪽에 공산정권의 박해로 남쪽으로 내려와 교회를 세운 것이 오늘과 같은 대한민국 교회로 부흥케 하셨습니다. 복음의 빛을 갚을 기회를 주셔서 북한의 교회 자리에 다시 교회가 재건되는 역사가 있게 하옵소서.

예레미야 선지자의 입을 통하여 예언하신 말씀을 성취하고자 고레스 왕의 마음에 감동을 주셔서 예루살렘의 성전을 재건하였듯이 북한에도 교회가 재건되게 하시고 말씀의 능력이 선포되어 진리 되시는 예수 그리스도를 믿고 따르는 북한 주민들이 일어나게 하소서.

그리하여 한반도에 그리스도의 복음 광채가 환하게 비치게 하여 주십시오. 재건된 북한의 교회에서 새 노래로 하나님께 찬양하며 말씀의 은혜를 나누는 날이 오게 하소서. 생사를 알지 못하던 이산가족들이 그리스도 안에서 만나서 부둥켜안고 환희의 재회가 일어나게 하시고 잃어버린 영혼들이 주께 돌아와 구원을 얻는 하나님의 나라를 이루는 교회가 북한에 재건되게 하소서. 교회의 머리가 되시는 예수 그리스도의 이름으로 기도드립니다. 아멘.

5) 북한의 생명 양식(영과 육)을 위해 기도합니다.

"내가 곧 생명의 떡이니라" (요 6:48)

생명의 양식이신 예수님을 찬양합니다. 하나님은 한 톨의 곡식에도 이른 비와 늦은 비로 내려주시고 햇빛을 비춰 주셔서 때에 따라 꽃이 피고 싹이 나고 열매 맺게 하셨습니다. 하나님의 형상대로 창조된 우리에게 하나님의 선하심을 닮아 만물을 다스리고 하나님의 나라가 이 땅에 이루어지는 삶을 살도록 하셨습니다.

신명기 28장의 말씀처럼 하나님의 말씀에 순종하는 자에게 주시는 축복과 하나님의 말씀에 불순종하는 자들에게 주시는 저주는 어쩌면 한반도 이 땅에 이루어진 것처럼 느껴지기도 합니다. 남쪽에는 십자가를 세운 교회가 많고 먹을 양식이 넘쳐나서 다이어트에 많은 시간과 돈을 사용하고 있고 북쪽에는 3만 개 이상의 우상을 세운 동상과 먹을 양식이 부족해서 굶어 죽어가는 일들이 지금도 일어나고 있습니다.

식량을 찾아 북한을 등지고 발걸음을 옮겼지만 그 발걸음이 다시 돌아갈 수 없는 발걸음이 되었고 해마다 '고난의 행군'과 같이 굶어 죽는다는 북쪽 소식을 듣게 되었을 때의 마음은 남쪽에서 쌀밥에 고깃국을 먹어도 마냥 기쁘지 않습니다. 하나님, 언제면 남쪽의 식량을 북쪽에 자유롭게 나눠 줄 수 있고 하나님의 사랑을 전할 수 있는 날이 올까요?

북한의 어린아이들이 영양부족으로 신체적 발달과 지적 발달이 늦춰지고 있고 식량난으로 버려져서 고아가 되는 그 어린아이들을 지켜 주시옵소서. 5~6월의 보릿고개마다 죽어가는 이들이 늘어나고 있는데 이때마다 세계적 원조를 할 수 있는 길들이 열려서 가장 열악한 생명들을 살릴 수 있도록 길을 열어 주소서.

그 무엇보다 생명을 살리는 양식이 되어 우리 가운데 오신 예수 그리스도를 북한 주민들도 믿고 구원을 얻어 하나님의 자녀가 되게 하소서. 썩을 것을 구하는 것을 넘어서 썩지 아니하는 영원한 생명의 양식을 구하는 민족이 되게 하소서. 북한에 하나님 선교의 대로가 열리게 하시고 하나님의 생명 양식이 풍성하게 채워짐으로 한반도를 향한 하나님의 사랑을 찬양하게 하소서. 생명의 양식이 되어 우리를 살리신 예수 그리스도의 이름으로 기도드립니다. 아멘.

6) 북한의 가정을 위해 기도합니다.

> "네 집 안방에 있는 네 아내는 결실한 포도나무 같으며 네 식탁에 둘러 앉은 자식들은 어린 감람나무 같으리로다 여호와를 경외하는 자는 이같이 복을 얻으리로다" (시 128:3-4)

가정의 화목을 기뻐하시는 하나님을 찬양합니다. 하나님의 형상대로 지음을 받은 우리의 존재를 서로 의지하고 행복한 삶을 살도록 서로 돕는 배필을 붙여 주시고 자식의 태의 열매를 주셔서 아름다운 가정을 이룰 수 있도록 하셔서 감사드립니다.

그럼에도 이 땅에는 하나님 말씀의 순리를 따르지 않는 가정들이 많고 깨어진 가정이 너무나 많습니다. 서로 돕는 관계가 아니라 서로의 이기심과 개인주의로 서로의 다름을 받아들이지 못하고 이해하지 못하고 이혼하는 가정들이 너무나 많습니다. 자녀들 또한 이혼한 부모님 사이에서 질풍노도의 시기를 겪으며 불안한 삶을 살아가고 있습니다.

북한은 '사회주의 대가정론'을 내세우며 부모의 자리를 수령으로 대체하였습니다. 북한 정부는 수령 중심에서 모든 인민이 행복할 수 있고 수령 중심에 뭉쳐 있는 사람만이 행복할 수 있다는 거짓 속임수로 가정을 파괴하고 있습니다. 어찌 인간이 하나님을 떠나 행복할 수 있고 행복한 가정을 이룰 수 있겠습니까? 하나님 이 민족을 불쌍히 여겨 주시옵소서.

하나님 중국에는 북한에서 탈출하여 살아가는 고향 사람들이 있습니다. 식량을 구해서 가정의 식구들을 먹여 살리기 위해 중국으로 탈북했지만 그곳에서 기다리는 것은 참혹한 인신매매였습니다. 돈 몇 푼에 거래가 되어 중국 촌구석에 팔리기도 하고 지하실과 같은 방에 갇혀 온갖 노역살이를 하는 고향 사람들이 있습니다. 언제면 이들이 자유롭게 되어 건강한 삶, 건강한 가정 속에서 행복한 삶을 살 수 있을까요? 하나님 이들을 살려 주시옵소서.

하나님 자유의 땅 대한민국에 왔지만 여전히 북에 두고 온 가족 생각에 밤잠 이루지 못하는 이들이 있습니다. 생사를 확인할 길이 없어 눈물로 하소연하는 이들도 있습니다. "하나님께서 가정을 세우지 아니하시면 세우는 자의 수고가 헛된 것"을 알기에 하나님께 간구합니다. 하나님 깨어진 가정을 다시 세워주시고 이산가족들이 다시 만나게 하소서. 그리하여 하나님을 경외하는 가정이 되도록 축복하소서. 모든 가정의 주인이 되시는 예수 그리스도의 이름으로 기도드립니다. 아멘.

7) 북한의 다음세대를 위해 기도합니다.

> "너는 청년의 때에 너의 창조주를 기억하라 곧 곤고한 날이 이르기 전에, 나는 아무 낙이 없다고 할 해들이 가깝기 전에 해와 빛과 달과 별들이 어둡기 전에, 비 뒤에 구름이 다시 일어나기 전에 그리하라" (전 12:1-2)

새 생명을 잉태케 하시는 하나님을 찬양합니다. 나뭇잎들이 사라져 엉성한 겨울에도 소망이 있음은 다시 봄이 오는 것을 믿기 때문입니다. 이 땅에서의 모든 인간도 태어남과 죽음의 이별을 맞이하지만 살아생전에 창조주 하나님을 기억하게 하시고 그를 믿음으로 이 땅에서와 영원한 세계에서 하나님 나라를 누리게 하셔서 감사합니다.

하나님. 북한에는 하나님을 알지 못한 채 방황하는 다음세대들이 있습니다. 사회주의 집단 속에 가두고 '청년들은 사회주의 도덕과 문화의 참다운 주인이 되자'라는 결의모임을 통해 수령의 사상으로 세뇌를 시키고 있습니다. 북한의 역사를 비롯한 일부 교육과정은 김씨 일가를 우상화하기 위한 거짓 교육과 선전·선동으로 포장되어 있고 꿈을 꾼다고 하더라도 출신성분으로 인해 꿈이 가로막혀 있는 북한의 사회 속에서 북한의 다음세대들에게는 자유가 없는 감옥과도 같습니다.

북한 정부를 믿었다가 생존이 어렵다는 것을 알고 있는 청년들은 겉으로는 결의모임과 같은 행사는 참여하지만 뒤에서는 물질만이 자신을 살릴 수 있다는 희망 하나로 현재는 물질이 주체사상보다 더 큰 우상이 되어 있습니다. 물질을 위해서라면 수단과 방법을 가리지 않고 범죄를 정당화하며 살아가고 있습니다. 하나님의 공의와 정의가 이미 무너진 북한 사회를 불쌍히 여겨 주시옵소서.

하나님은 청년의 때에 창조주 하나님을 기억하라고 하셨지만 북한의 다음세대들에게는 '종교의 자유'가 없고 구원자 "예수"를 믿고 구원을 얻을 수 있는 길마저 가로막혀 있습니다. 하나님. 다음세대가 복음을 들을 수 있도록 복음의 문을 열어 주시고 북한의 다음세대를 그리스도의 군사들로 일으키셔서 북한에도 하나님의 공의와 정의가 구현되는 나라가 되게 하소서.

하나님께서 능력을 보이시는 날에 새벽이슬 같은 주의 청년들이 모든 우상으로부터 돌이켜 주님께 나아오게 하소서. 이 사역을 위해 한국교회와 탈북민교회가 기도하며 준비하게 하시고 복음의 문이 열리는 날에 함께 협력하여 북한선교를 감당하게 하소서. 역사를 이루시는 예수 그리스도의 이름으로 기도드립니다. 아멘.

8) 북한의 정치범수용소를 위해 기도합니다.

"내 앞에서 나를 압제하는 악인들과 나의 목숨을 노리는 원수들에게서 벗어나게 하소서" (시 17:9)

애통하는 이들에게 위로를 주시는 하나님을 찬양합니다. 독일의 나치로 인해 유대인들의 600만 이상의 홀로코스트의 비참한 상황 가운데 그들이 외쳤던 "하나님은 어디에 계십니까?"의 기도는 북한에서 예수 믿는다는 이유로 정치범수용소에 구금된 지하교인들의 외침과도 같습니다. 하나님은 그곳에 그들과 함께 고통당하고 계시고 그들에게 자신을 나타내 보이시며 살아계신 하나님임을 보여 주십니다.

1953년 7월 27일 남과 북의 휴전 이후로 북한에는 주체사상과 수령을 빙자한 김씨 일가의 우상으로 체제를 수렴하였습니다. 이들의 사상을 따르지 않는 주민들을 정치범으로 간주하고 구금시키고 사형하는 등의 악행을 강행하고 있습니다. 이들 중에는 김씨 일가를 숭배하지 않고 하나님을 숭배했다는 이유로 정치범수용소에 구금된 그리스도인들이 많이 있습니다.

"고난의 행군" 기간에 중국으로 탈북해 복음을 접하고 다시 북한으로 들어가 복음을 전하다 잡힌 형님들이 있습니다. 그 형님들이 정치범수용소에 가면서 저에게 남겼던 생생한 증언을 기억합니다. "세계에 있는 사람들에게 북한의 상황을 알려 달라" 북한의 만행을 세계교회가 보게 하시고 이들을 위해 함께 기도하게 하소서. 하나님, 예수 믿는다는 이유로 정치범수용소에 갇혀 있는 그들을 지켜 보호하여 주시고 하루 속히 독재의 우상이 무너지고 정치범수용소들이 무너지게 하소서.

하나님, 평남의 개천 14호, 함남 요덕의 15호, 함남 화성의

16호, 함북 회령의 22호, 함북 청진의 25호, 평남 북창의 18호 등의 북한정치범 수용소들이 있습니다. 지금도 이곳에서는 어떤 이는 맞아 죽고 어떤 이는 굶주려 죽고 어떤 이는 실험실로 끌려가 죽음을 맞이하고 있습니다. 하나님, 북한의 순교자들을 기억하여 주시고 순교자들의 피가 헛되지 않게 하시옵소서. 한 알의 밀이 땅에 떨어져 많은 열매를 맺듯이 순교자들로 인해 북한이 회복되고 복음화되는 밑거름이 되게 하소서.

북한의 정치범수용소 안에 갇혀 있는 지하교인들의 신앙을 굳건하게 하시고 그들을 단련하신 후에 순금같이 되어 나아와 민족과 열방을 향해 쓰임 받는 하나님의 군사가 되게 하소서. 하나님의 사랑이 이 땅을 덮어 압제하는 이들에게도 복음이 선포되어 회개하고 주께 돌아와 구원을 얻는 역사가 일어나게 하소서. 심령이 가난한 이들에게 천국을 선포하시는 예수 그리스도의 이름으로 기도드립니다. 아멘

9) 북한의 인권을 위해 기도합니다.

> "하나님이 사람을 창조하실 때에 하나님의 모양대로 지으시되 남자와 여자를 창조하셨고 그들이 창조되던 날에 하나님이 그들에게 복을 주시고 그들의 이름을 사람이라 일컬으셨더라" (창 5:1-2)

하나님의 형상대로 사람을 만드시고 "보시기에 심~히 좋았다"라고 말씀하신 창조주 하나님을 찬양합니다. 하나님은 우리에게 복을 주셨고 사람이라고 불러 주셨습니다. 하나님과 함께하는 우리의 삶에는 어두움이 없고 근심 걱정이 없고 의와 평강과 희락으로 하나님 나라의 삶을 누리도록 하셨습니다. 하나님이 인간에게 주셨던 것은 하나님 안에서의 참된 자유와 행복을 누릴 수 있는 권리를 허락하셨습니다.

그러나 북한에는 하나님 안에서의 권리가 아닌 주체사상과 수령의 우상이 그 자리를 대체하였고 북한의 모든 주민이 그들의 우상을 찬양하고 따라야 살 수 있고 숭배하지 않으면 정치범수용소에 구금하는 등의 공포정치로 북한 주민들을 겁탈하고 있습니다. '도둑이 오는 것은 도둑질하고 죽이고 멸망시키려는 것뿐'입니다. 그들은 북한 주민들을 죽이고 멸망시키는 강도와도 같습니다.

북한에는 태어날 때부터 핵심 계층, 일반 계층, 적대 계층으로 계급사회가 되어 있고 핵심 계층은 평양 중심, 그 이외의 계층은 지방에서 살아야만 하고 노동자의 자식은 노동자로, 농민의 자식은 농민으로 살아야만 합니다. 북한에는 거주이전의 자유, 여행의 자유, 종교의 자유, 언론·출판·집회·결사의 자유가 없습니다. 그들이 정해놓은 프레임 안에서만 생활해야 하고 그 프레임을 벗어나면 단련대, 교화소와 같이 정치범수용소에 구금시키고 그곳에서 고문하고 죽이고 사형하는 만행을 강행하고 있습니다.

그 감옥 안에서는 사람을 사람으로 대하지 않고 먹을 양식도 제대로 주지 않아 쥐, 파리, 이 등 온갖 먹을 수 있는 것들을 잡아먹고 있고, 짐승처럼 때리면서 노동을 강요하는 만행이 지금도 계속되고 있습니다. 한 하늘 아래 아직도 아우슈비츠 강제 수용소와 같은 일들이 계속 반복되고 있습니다. 하나님 그들의 고통 소리를 듣고 계십니까? 하나님 이들을 불쌍히 여겨 주시고 살려 주시옵소서.

'예수님이 이 땅에 온 것은 양으로 생명을 얻게 하고 더 풍성히 얻게 하려는 것'이었습니다. 어두움의 종이었던 우리에게 하나님의 형상을 닮은 인간의 권리를 찾아 주시고자 예수님은 어두우면 가운데 빛으로 오셨습니다. 하나님, 북한에도 복음의 문이 열리게 하시고 양으로 생명을 얻게 하시는 예수 그리스도를 통해 북한 주민들도 자신들이 얼마나 소중한 존재인지를 깨닫고 진리 안에서의 참된 자유, 참된 행복을 누리게 하소서. 우리의 산 소망이 되시는 예수 그리스도의 이름으로 기도드립니다. 아멘.

10) 북한의 의료를 위해 기도합니다.

> "예수께서 들으시고 이르시되 건강한 자에게는 의사가 쓸 데 없고 병든 자에게라야 쓸 데 있느니라" (마 9:12)

우리의 연약함을 너무나 잘 아시는 하나님을 찬양합니다. 하나님은 흙으로 빚으시고 당신의 생기를 불어넣어 주셔서 사람을 만드셨습니다. 인간의 몸인 흙은 흙으로 와서 점점 쇠퇴하여 흙으로 돌아갑니다. 우리의 영혼은 하나님에게서 와서 하나님에게로 돌아가기에 육에 속한 사람이 아니라 영에 속한 사람으로 살아야 함을 깨닫게 하셔서 감사드립니다.

육은 빵으로 사는 것이지만 영혼은 하나님의 말씀으로 살아가기에 매일매일 생명의 양식을 의지합니다. 하나님이 이 땅에 오신 목적도 육신의 썩을 것을 위해 오신 것이 아니라 영으로 생명을 얻게 하고 더 풍성하게 하시기 위한 하나님 나라의 소망을 갖게 하시기 위함이었습니다. 예수님은 이 땅에 오셔서 영혼과 육체의 질병을 고쳐 주셨습니다. 죄인을 불러 회개시키러 오셨고 병든 자에게 고침을 주어 살아계신 하나님의 능력을 보여 주셨습니다. 하나님 이 시대에도 하나님의 역사가 필요합니다.

무엇보다 영적으로 병 들어가고 있고 이는 육체적으로도 스스로 목숨을 끊거나 고독사로 죽어가는 이들이 늘어가고 있습니다. 세계 구석구석에 하나님의 치료가 필요한 이들이 너무나 많습니다. 하나님 이들을 불쌍히 여겨 주시고 전쟁과 기근과 질병들이 종식되고 모든 이들이 주님께 나아오게 하소서.

하나님, 북한 주민들은 영양부족으로 면역력이 많이 떨어집니다. 이로 인해 잦은 감기 열병으로 죽지 않을 수 있는 질병에도 수많은 사람이 목숨을 잃습니다. 먹지 못해 폐결핵으로 사망하는 이들이 많고 간 복수, 간경화, 간암 등의 질병으로 세상을 떠나는 이들이 많습니다. 병원에 가도 약이 없기에 시장에 가서 약을 사서 먹어야 하고 돈이 없는 이들은 마냥 손을 놓고 죽음을 맞이하기도 합니다. 열악한 병원의 의료 장비에 감염, 또는 의료사고로 죽어가는 이들이 많습니다.

하나님, 북한을 도울 수 있는 선교의 문을 열어 주시고 선교사를 보내시어 이들을 살려 주시옵소서. 이들이 만나는 사람마다 '하나님께서 치료하는 광선'으로 비추시어 모든 질병으로부터 고침을 얻게 하소서. 영혼을 살리는 교회를 세워주시고 육체를 살리는 병원 곳곳에서 예배가 쉬지 않게 하소서. 우리를 살리시기 위해서 자신을 내어 주시기까지 사랑하신 예수님 이름으로 기도드립니다. 아멘.

11) 중국에 있는 탈북민을 위해 기도합니다.

> "당신들이 나를 이곳에 팔았다고 해서 근심하지 마소서 한탄하지 마소서 하나님이 생명을 구원하시려고 나를 당신들보다 먼저 보내셨나이다" (창 45:5)

우리의 모든 것을 아시고 도우시는 하나님을 찬양합니다. 날아가는 참새 한 마리도 자연의 모든 것 하나까지도 하나님의 손길이 안 미친 곳이 전혀 없습니다. 사람의 머리털까지도 다 세신 바 되시고 지명하여 불러서 '오늘날 내가 너를 낳았도다.'라고 말씀하시고 '내가 너를 사랑한다.'라고 말씀하십니다.

우리의 생각으로 하나님의 뜻을 이해할 수 없는 현실 속에 살아갑니다. 그럼에도 하나님은 그러한 환경 가운데에서도 우리를 찾아 주시고 만나 주십니다. 하나님을 간절히 찾는 자를 만나 주시고 놋뱀을 바라보는 자마다 살아나는 역사를 이루시어 과거의 억울했던 모든 삶이 예수 그리스도를 만남으로 재해석 되어 새로운 삶, 생명의 풍성한 삶을 누리게 도와주십시오.

북한 독재의 억압 가운데 살아가던 북한 주민들은 의식주 문제와 자유를 찾아 압록강, 두만강을 건넜습니다. 목숨을 건 탈북의 과정에서 수많은 사람이 물에 빠져 죽고 총에 맞아 죽고 매 맞아 죽었습니다. 그 시체들이 강물 위를 떠다니고 있고 그 광경을 지켜보며 지금도 생사를 건 탈북이 일어나고 있습니다. 강을 건너왔지만 기다리는 것은 인신매매였습니다.

하나님, 그들은 두고 온 가족 생각에 밤잠 못 이루고 언제 잡힐지 모른다는 공포에 사로잡혀 집 밖을 자유롭게 왕래하지도 못합니다. 중국에서도 인간 이하의 삶을 살고 있지만 북한에서의 인간 이하의 삶보다 더 낫다는 생각에 자족하는 그들을 보면 마음이 너무 아픕니다. 어떤 탈북민은 8년간 노동만 하고 월급 한 푼도 받지 못한 분도 있었고 어떤 탈북민은 깡패에게 팔려가 온갖 고역을 겪는 분도 있었습니다. 그늘의 상처, 고통, 분노, 억울함, 보상은 인간 이하의 삶에서 벗어나는 것이었습니다. 하나님 이들을 불쌍히 여겨 주시고 구원해 주세요.

하나님, 지금까지 이름 모를 선교사님들의 헌신과 사랑으로 중국에 있는 일부 탈북민들이 하나님의 사랑을 알게 되었습니다. 코로나19 이후로는 중국 내에 있는 탈북민 성도님들 가운데 리더가 세워져 말씀 양육이 이루어지고 있고 한국에 있는 탈북민들과 한국교회들이 이들을 돕고 협력하는 사역들이 일어나고 있는데 세계에 흩어져 있는 탈북 디아스포라인들이 구원을 얻고 세계 복음화의 일꾼으로 사용하소서. 북한 주민의 생명을 구원하시려고 탈북민을 먼저 보내신 예수님 이름으로 기도드립니다. 아멘.

12) 제3국 출생 탈북민 자녀를 위해 기도합니다.

> "그의 거룩한 처소에 계신 하나님은 고아의 아버지시며 과부의 재판장이시라 하나님이 고독한 자들은 가족과 함께 살게 하시며 갇힌 자들은 이끌어 내사 형통하게 하시느니라" (시 68:5-6)

아바, 아버지 하나님을 찬양합니다. 하나님이 우리에게 가정을 선물로 주셨습니다. 아빠로, 엄마로, 자녀로 서로의 역할과 책임과 사랑을 통해 하나님께서 우리에게 허락하신 화목을 이루도록 하셨습니다. 하나님의 사랑은 부모를 통해 자녀에게 흘러가고 전수되는 축복을 주셨습니다. 그래서 가정이 얼마나 큰 선물이고 축복인지를 깨닫게 하셔서 감사드립니다.

하나님, 이 땅에는 하나님의 사랑 부재로 부모가 부모의 역할을 못하고 책임과 의무를 다하지 못한 상태의 깨어진 가정이 너무나 많습니다. 대부분의 탈북민 가정이 남편과 자녀를 생이별하고 살아가고 있습니다. 중국 아빠와 탈북민 여성 사이에서 태어난 제3국 출생 탈북민 자녀들이 중국에 많이 있고 한국에도 2천 명 이상의 아이들이 있습니다.

하나님, 탈북 2세들이 대한민국에서 겪는 어려움은 정체성 혼란과 심리적 외로움과 한국어 소통의 어려움과 사회성 부족입니다. 아직까지 이들을 위한 대한민국 정부의 지원제도가 마련되지 않은 상황에서 여러 가지 문제점들이 일어나고 있습니다. 이들을 한국교회와 NGO 단체를 통해 선교적 차원에서 도울 수 있게 하시고 이들을 도울 수 있는 지원제도가 21대 국회를 통과하게 하소서.

탈북 2세들은 제2의 모세와도 같습니다. 7년 전에 만나 일대일 제자양육을 지금까지 받는 친구는 또 다른 친구에게 멘토가 됩니다. 이 친구의 꿈은 어머니의 고향 북한에 가서 선교하는 것이라고 합니다. 이는 현재 신학교에 재학하고 있습니다. 무엇보다 심령이 가난한 이들에게 하나님의 사랑은 하나님 나라의 소망을 갖게 하시고 선교사들로 훈련하고 계시는 줄 믿습니다. 이처럼 제2의 모세와 같은 탈북 2세 사역자들이 세워지게 하시고 이 사역을 위해 한국교회가 헌신하게 하소서.

대한민국 곳곳에 세워진 다문화 탈북 2세 청소년 대안학교를 통해 하나님의 말씀이 선포되게 하시고 남북이 함께 예배드릴 수 있는 예배 공동체가 세워지게 하시고 진리와 봉사와 선교로 예수 그리스도의 군사로 훈련되어 세상을 변혁시키는 지도자들이 되게 하소서. 그래서 약한 자로 강하게 하시며 하나님을 아바, 아버지라 부르며 영광을 돌리는 주의 자녀들이 되게 하소서. 탈북 2세들의 아버지가 되시는 예수님 이름으로 기도드립니다. 아멘.

13) 북한선교 하시는 선교사님을 위해 기도합니다.

> "내가 달려갈 길과 주 예수께 받은 사명 곧 하나님의 은혜의 복음을 증언하는 일을 마치려 함에는 나의 생명조차 조금도 귀한 것으로 여기지 아니하노라" (행 20:24)

세상 끝날 때까지 우리와 함께하시는 하나님을 찬양합니다. 하나님은 '너희는 가서 모든 민족을 제자로 삼'으라고 말씀하셨습니다. 그 말씀에 순종하여 하나님의 사랑이 필요한 모든 이들에게 찾아가는 선교사님들이 있습니다. 때로는 그 길이 자갈밭이요 가시밭이지만 잃어버린 한 영혼을 찾아다니시는 예수님의 마음을 갖고 생명을 걸고 선교를 하시는 분들이 많습니다.

하나님, 선교의 현장은 점점 더 어려워지고 있습니다. 대북 제재로 인해 북한에 거주하며 선교 사역을 하던 선교사님들이 북한에 들어갈 수 없는 상황에 이르렀고 코로나19로 인해 선교사님들이 중국에 들어가서 활동하는 것에 많은 어려움이 있습니다. 선교지에 들어가서 사역한다고 하더라도 중국 공안국의 철저한 감시와 통제 속에서 탈북민을 만나고 구출한다는 것은 불가능에 가깝습니다.

하나님, 코로나19로 인해 많은 선교의 길들이 막혔다고 하지만 온라인을 통해 북한선교가 이루어지게 하셔서 감사합니다. 중국에 있는 탈북민들과 온라인으로 성경 공부를 하거나 예배를 드리기도 하고 한국에 나와 있는 탈북민들 대상으로 복음을 전하고 있습니다. 전에는 어려운 이들을 찾아가 구제와 전도 방식의 사역을 했었다면 현재는 온라인으로 제자양육에 가까운 사역들을 감당하고 있습니다.

하나님, 선교사님들 중에는 육체적으로 많이 아픈 이들이 있습니다. 자기 몸을 돌보기보다 탈북민을 찾아가 사랑으로 돌보고 섬기는 사역을 감당했습니다. 탈북민을 만나고 공동체를 이루며 함께 사는 사역은 정말 쉽지 않은 사역임에도 눈물로 기도하며 하나님의 사랑을 전한 이들을 생각하면 한없이 부끄러울 때가 많습니다.

선교비 지원의 축소로 가정생활이 어려워 오토바이 퀵 배달 등을 하고 있습니다. 처음에는 충격이었지만 지속되는 상황 가운데 현재는 너무나 익숙한 상황이 되었습니다. 그럼에도 그렇게 번 돈을 선교비로 사용하시는 선교사님들도 있습니다. 하나님, 선교사님들 가정과 자녀들을 지켜 보호해 주십시오. 영육 간에 강건함을 더하셔서 잃어버린 한 영혼을 향한 주님의 마음으로 한국교회와 세계교회와 합력하여 세계 선교를 감당하게 하소서. 선교의 현장에서 선교사님들과 함께 계시는 예수님 이름으로 기도드립니다. 아멘.

14) 탈북민 가정을 위해 기도합니다.

> "주 예수를 믿으라 그리하면 너와 네 집이 구원을 받으리라" (행 16:31)

가정의 주인이 되시는 하나님을 찬양합니다. 하나님은 서로를 도울 수 있도록 가정을 세워주셨고 가정을 통해서 믿음의 사람을 세워 가십니다. '여호와께서 집을 세우지 아니하시면 세우는 자의 수고가 헛되다'라고 말씀하신 것처럼 하나님께서 가정을 세우시고 깨어진 가정마다 다시 회복시켜 주시고 하나님의 사랑 안에서 온전케 되는 역사를 이루어 주세요.

하나님, 사선을 넘어 자유의 대한민국에 온 탈북민 중에 "대한민국에서 꼬리로 살아도 북한에서 머리로 사는 것보다 낫다"라는 표현을 들은 적이 있습니다. 탈북민들이 대한민국 국민으로서 거주 이전의 자유, 여행의 자유, 종교의 자유 등을 누릴 수 있는 특권은 하나님의 선물이었습니다. 일한 것만큼 대가를 받을 수 있고 쌀밥을 먹을 수 있습니다. 탈북민들이 북에서 그리던 꿈을 이 땅에서 현실로 누리며 살아가고 있습니다.

하나님, 마냥 행복해야만 할 것 같은 탈북민들은 자유 대한민국에 와서 정착되어 갈수록 스펙 경쟁 사회 속에서 열등의식을 느끼고 자존감 저하로 소속감을 느끼지 못한 채 도태되어 이 땅을 떠나려고 하는 사람들도 있습니다. 결혼을 포기한 청년들도 늘어나고 있고 결혼했어도 경제적 무능력으로 이혼하는 MZ세대들이 늘어나고 있습니다. 하나님 탈북민 가정을 불쌍히 여겨 주시옵소서.

하나님, 탈북민들이 예수님을 믿음으로 가정에 구원을 얻게 하소서. 말씀 안에서 하나님의 사랑을 깨닫게 하시고 믿음의 공동체를 만나 서로 사랑하는 법을 배우게 하소서. 탈북민들에게 맘몬이 우상이 되지 않게 하시고 맘몬이 행복을 준다는 허상을 버리고 예수 그리스도 안에서 가정의 평화, 가정의 행복을 이룰 수 있도록 도와주세요.

남편은 아내를 사랑하고 아내는 남편을 존경하고 자녀들은 부모님을 공경하며 순종하는 믿음의 가정들이 되게 해주세요. 모든 탈북민 가정이 말씀 안에서 치유받고 회복되어 하나님을 주인으로 섬기게 하소서. 가정에 평화를 주시고 구원을 주시는 예수님 이름으로 기도드립니다. 아멘.

15) 탈북민 다음세대를 위해 기도합니다.

"오직 너희의 심령이 새롭게 되어 하나님을 따라 의와 진리의 거룩함으로 지으심을 받은 새 사람을 입으라"(엡 4:23-24)

빛 되시는 하나님을 찬양합니다. 탈북민 다음세대를 어두움의 땅인 북한으로부터 구출하여 대한민국으로 오게 하셔서 감사드립니다. 이들의 여정 하나하나에 하나님의 손길이 안 미친 곳이 없습니다. 하나님은 이들을 준비하셨고 지켜 주셨고 보호해 주셨습니다. 이들을 향한 하나님의 뜻을 깨닫게 하소서.

'고난의 행군' 기간에 수많은 아이들이 아사했지만 그 속에서도 살려 주셨습니다. 또한 주체사상과 수령론에 근거한 세뇌 교육을 받을 때도 식량난으로 학교에 갈 수 없어 교육받지 못하게 하셨습니다. 이로 인해 유물론적 관점에서 하나님을 바라보는 것이 아닌 순수하게 복음을 받아들일 수 있는 배경이 되게 하셨습니다. 역사를 주관하시는 하나님의 구속사적인 관점에서 바라보면 분명하게 하나님의 뜻이 있는 줄 믿습니다.

하나님, 이렇게 살아남은 탈북민 다음세대들은 북에서 굶어 죽은 가족, 친척, 친구들을 떠올리며 맘몬이 우상이 되어 있습니다. 돈이 있어야 살아남을 수 있다는 트라우마를 가지고 있습니다. 그러나 하나님께서 이들을 불러 주신 이유는 잘 먹고 잘 살게 하기 위함이 아닌 민족의 복음화를 위해 대한민국으로 불러내신 하나님의 사람들이라고 믿습니다. 하나님 이들을 불쌍하게 여기셔서 이들을 민족을 살리는 지도자들로 사용해 주십시오.

탈북민 다음세대들이 예수 그리스도의 갑옷을 입게 하시고 심령이 새롭게 되어 하나님을 따라 의와 진리와 거룩함으로 지으심을 받은 새사람이 되게 하소서. 예수 그리스도 안에서 치유와 회복의 역사가 있게 하시고 살아계신 하나님을 경험하게 하소서. 그리하여 '신앙'과 '전문성'을 갖추어 이 땅을 복음화시키고 북한과 열방을 향하여 복음을 선포하는 '전문인 선교사'들이 되게 하소서.

탈북민 다음세대를 세우는 사역을 위해 한국교회가 헌신하게 하시고 일대일 제자양육을 통해 신앙과 전문성을 겸비하여 통일의 지도자들로 준비하게 하소서. 정치, 경제, 사회, 문화, 종교, 예술, 의료, 미디어 등의 전문 분야에서 기독교 지도자로서의 영향력을 통해 요셉과 모세와 같이 민족을 살리는 지도자들이 되게 하소서. 약속을 성취하시는 예수 그리스도의 이름으로 기도드립니다. 아멘.

16) 탈북민 신학생을 위해 기도합니다.

"내 아들아 그러므로 너는 그리스도 예수 안에 있는 은혜 가운데서 강하고 또 네가 많은 증인 앞에서 내게 들은 바

를 충성된 사람들에게 부탁하라 그들이 또 다른 사람들을
가르칠 수 있으리라"(딤후 2:1-2)

하나님께 찬양과 감사와 영광을 돌립니다. 하나님의 말씀은 능력이 있고 좌우에 날 선 검보다 더 예리하여 영혼과 관절과 골수를 찔러 쪼개기까지 합니다. 그 말씀은 교훈과 책망과 바르게 함과 의로 하나님의 성품을 닮게 합니다. 하나님, 다시 말씀의 은혜 안에 머물게 하시고 진리의 길로 인도하소서.

하나님, 이 땅에는 50여 명의 탈북민 신학생들이 있습니다. 말씀의 은혜를 입어 주님의 길로 헌신한 청년들이 많이 있습니다. 주님이 가신 길은 가시밭길이요 십자가 고난의 길이건만 빛 되신 예수님을 만나고 그 빛을 전하는 사명자로 준비되고 있습니다. 잠시 살다가 지나가는 안개와 같은 인생에 연연하는 것이 아니라 예수님을 믿음으로 영원한 생명을 누리게 되는 하나님 나라의 소망을 가지고 복음의 전도자로 살아가고 있습니다.

하나님, 한국교회가 북한선교를 위해 얼마나 기도를 많이 했는지 모릅니다. 어쩌면 그 기도의 응답 열매가 탈북민 신학생들이 아닌가라는 생각이 들기도 합니다. 누가 북한에서 태어날 것을 알았고 어찌 한국에 와서 하나님을 믿고 사역자의 길을 갈 것을 예측이나 했겠습니까? 이 모든 것은 하나님께서 이루는 역사임을 고백합니다. 하나님, 이들을 눈동자 같이 지켜 보호하시고 하나님이 마지막 시대에 귀하게 사용

하실 주님의 일꾼들로 세워주소서.

하나님, 탈북민 신학생들이 대한민국에서 자유민주주의를 배우게 하시고 기독교 세계관으로 세상을 바르게 분별하여 좌로나 우로나 치우치지 않고 예수 그리스도의 은혜 안에 머물게 하소서. 무엇보다 내면의 상처들을 예수님의 사랑 안에서 온전히 치유받게 하시고 바른 인성, 영성, 지성을 겸비한 지도자들이 되게 하소서.

하나님, 탈북민 신학생들이 때로는 육체적 질병 경제적 어려움에 있을 때도 하나님만 신뢰하며 기도를 통해 살아 역사하시는 하나님을 경험하게 하소서. 그리하여 자기 십자가를 지고 예수님을 따르는 참된 제자들이 되게 하소서. 하나님 말씀의 능력과 성령의 충만함을 주시고 하나님으로부터 받은 은혜를 많은 증인 앞에서 증거하고 가르치고 치유하는 성령의 사람들이 되게 하소서. 그리하여 에스라 느헤미야와 같이 북한의 교회를 재건하는 목회자들이 되게 하소서. 예수님 이름으로 기도드립니다. 아멘.

17) 탈북민 사역자를 위해 기도합니다.

"또 내게 이르시되 너는 이 모든 뼈에게 대언하여 이르기를 너희 마른 뼈들아 여호와의 말씀을 들을지어다 주 여호와께서 이 뼈들에게 이같이 말씀하시기를 내가 생기를 너희에게 들어가게 하리니 너희가 살아나리라 너희 위에 힘

줄을 두고 살을 입히고 가죽으로 덮고 너희 속에 생기를 넣으리니 너희가 살아나리라 또 내가 여호와인 줄 너희가 알리라 하셨다 하라 이에 내가 그 명령대로 대언하였더니 생기가 그들에게 들어가매 그들이 곧 살아나서 일어나 서는데 극히 큰 군대더라"(겔 37:4-6, 10)

전능하신 하나님을 찬양합니다. 맑고 쾌청한 하늘을 바라보면 자연의 모든 것이 신비이듯 우리의 삶에도 하나님의 신비로 가득 채워 주셔서 감사드립니다. 눈을 뜸과 동시에 매일의 일상을 은혜로 채워 주시고 하나님의 말씀 안에서 좌로나 우로나 치우치지 않도록 붙들어 주셔서 감사드립니다. 눈을 들어 주를 바라볼 수 있음에 감사드리고 능력의 말씀을 입술로 당당히 할 수 있어서 감사드립니다. 무엇보다 먼저 하나님과의 예배자가 되게 하시고 이 기쁨을 먼저 맛볼 수 있는 사역자로 불러 주셔서 감사드립니다.

하나님, 대한민국에 200여 명의 탈북민 사역자들이 있습니다. 탈북민 전체 인구 3만 4천여 명 가운데 200여 명을 선교의 일꾼으로 불러 주신 것 또한 하나님의 뜻이 있음을 믿습니다. 탈북민 사역자의 간증을 눈물 없이 들을 수 없습니다. 누구와 비교하지 못할 만큼의 아픔 가운데에서 그들은 하나님께 부르짖었습니다. 하나님은 그들의 부르짖음을 들으셨고 만나 주셨고 그로 인해 땅에 소망을 두는 것이 아닌 하나님께 소망을 두고 헌신하여 주의 종으로 살아가게 하셨습니다.

하나님, 탈북민 사역자를 긍휼히 여겨 주시옵소서. 그의 가정 그의 자녀들을 지켜 주시옵소서. 어떠한 어려운 환경 가운데 있을지라도 좌로나 우로나 치우치지 않게 하시고 하나님의 사람들을 붙여 주셔서 합력하여 선교의 사역들을 잘 감당하게 하소서. 말씀의 지혜를 주시고 말씀의 능력을 주시고 성령의 충만함을 주셔서 하나님의 말씀을 대언할 때 마른 뼈들에게 생기를 넣어 주셔서 다시 살게 되는 역사를 이루소서.

하나님, 탈북민 사역자들은 하나님께서 이 땅에 보내신 선교사요 그들을 통해서 이 땅을 순수한 복음으로 깨우고 통일선교를 이루시는 줄 믿습니다. 한국 사역자들과 탈북민 사역자들이 연합하여 하나님의 사랑을 모르고 방황하는 탈북민들에게 구제와 전도와 양육을 통해 통일선교 예배 공동체를 이루게 하소서. 북한에 선교의 문이 열리는 그날 탈북민 사역자들과 함께 세계 선교를 이루게 하소서. 잃어버린 영혼들을 위해 이 땅에 오셔서 자신을 내어 주어 생명을 얻게 하신 예수님 이름으로 기도드립니다. 아멘.

18) 탈북민교회를 위해 기도합니다.

"날마다 마음을 같이하여 성전에 모이기를 힘쓰고 집에서 떡을 떼며 기쁨과 순전한 마음으로 음식을 먹고 하나님을 찬미하며 또 온 백성에게 칭송을 받으니 주께서 구원 받는 사람을 날마다 더하게 하시니라" (행 2:46-47)

교회의 머리가 되시는 하나님을 찬양합니다. 탈북민들이 대한민국에 와서 제일 먼저 감탄했던 것은 교회 위에 세워진 십자가였습니다. 이 땅에 5만여 개의 교회를 세워주시고 그리스도의 빛을 밝혀 세상의 등불이 되게 하심에 감사합니다. 한국교회의 기도와 헌신과 사랑으로 수많은 탈북민이 이 땅에 오게 되었고 많은 탈북민 목회자 신학생들이 있게 되었습니다. 이 모든 것은 하나님의 은혜였습니다.

하나님, 더 놀라운 것은 이 땅에 탈북민 목회자들이 개척한 교회가 70교회 정도가 있습니다. 어려운 환경 가운데에서도 눈물로 기도하며 복음의 씨앗을 뿌려서 교회를 개척하고 있습니다. 하나님으로부터 받은 사랑을 이웃에게 흘려보내는 사역들을 감당하고 있습니다. 이곳에는 이름도 빛도 없이 동역하는 동역자님들이 계시고 물질과 헌신으로 함께 복음 안에서 통일을 이루는 교회를 세워가는 수고하는 손길들이 있습니다. 이들의 헌신을 기억하시고 축복하셔서 하나님 생명의 복으로 채워 주소서.

하나님, 북한에 복음의 문이 열리면 올라가 교회를 재건하기 위한 목적으로 세워진 '북한기독교총연합회'가 있습니다. 이곳에서는 탈북민 목회자들과 신학생들이 탈북민교회, 북한교회 재건과 다음세대 양성 목적을 위해 한국교회와 함께 협력 사역을 하고 있습니다. 하나님, 북한기독교총연합회 안에 있는 탈북민교회들이 건강하게 세워져 북한에 문이 열리는 그날 북한에 가서도 곳곳마다 북한교회를 재건하는 데 쓰임 받게 하소서.

하나님, 우리가 세상으로 눈을 돌리는 것이 아니라 모든 시선을 하나님께로 향하고 믿음의 눈을 들어 하나님께서 일하시고 역사하는 것을 바라볼 수 있는 영적 각성이 일어나게 하소서. 탈북민교회들이 복음의 진리 앞에 바로 서는 교회, 말씀 양육을 통해 제자화하는 교회, 구제와 선교를 목적으로 하는 교회, 예수 그리스도 안에서 남과 북이 하나가 되는 교회가 되게 하소서. 그런 탈북민교회가 되게 하소서. 하나님과 예수님이 하나이듯 서로 하나를 이루기를 원하시는 예수님 이름으로 기도드립니다. 아멘.

19) 한반도에 복음으로 하나가 되는 복음통일을 위해 기도합니다.

> "하늘에 있는 것이나 땅에 있는 것이 다 그리스도 안에서 통일되게 하려 하심이라" (엡 1:10)

역사의 주관자이신 하나님을 찬양합니다. 하나님은 당신의 형상으로 우리를 만드셨기에 서로를 바라봄으로 아름다운 하나님의 형상을 보게 하셨고 자연 만물을 통해 하나님의 일하심을 보게 하셨습니다. 하나님의 손길이 닿는 곳에는 어둠의 역사가 떠나가고 분열의 영이 떠나가고 회복과 하나 됨을 통해 하나님 나라의 화목을 이루게 하심을 믿습니다.

하나님, 이 세상에는 서로를 미워하고 증오하고 죽이는 일들이 반복되고 있습니다. 경제적 이유, 정치적 이유, 종교적 이유, 서로의 생각이 다르다는 이유로 끊임없는 살인을 일삼고 있습니다. 인간의 또 다른 탐욕, 교만, 죄악이 죄를 낳게 되는 결과들이 진행 중에 있습니다. 하나님, 죄를 끊을 수 있는 길은 오직 예수 그리스도밖에 없는 줄 믿습니다.

하나님, 한반도에도 이념적 갈등과 강대국들에 의해 남과 북으로 나뉜지도 어느덧 70여 년이 지났습니다. 북북 갈등, 남남 갈등, 남북 갈등은 지금도 계속되고 있고 흡수통일과 적화통일론을 이야기하며 조금도 격차를 좁혀가지 못하고 있습니다. 한국 전쟁으로 동족상잔의 비극은 끝이 났어도 여전히 그 트라우마는 서로에게 존재하고 있습니다.

하나님, 한반도의 통일은 그 어떤 이념이나 정치의 권력으로 이루어질 수 있는 것이 아니라 오직 하나님의 능력으로 이루어질 수 있음을 고백합니다. 하나님, 영토적인 통일, 정치적인 통일보다 먼저 사람의 통일이 이루어지게 하소서. 한국 전쟁으로 피해를 준 가해자의 진실규명과 피해자와의 화해를 통해 먼저 용서가 이루어지게 하시고 예수 그리스도의 온전한 사랑을 통해 복음통일을 이루게 하소서.

예수님은 약한 자, 가난한 자, 병든 자, 죄인을 불러 회개시키러 오셨고 그들에게 하나님의 나라를 선언하셨습니다. 그 어떤 악한 위정자들도 하나님 앞에 나아와 무릎 꿇고 회개하게 하소서. 그리하여 가해자와 피해자가 예수님께서 우리의 죄를 용서하신 것처럼 서로 용서하게 하시고 사랑하여 예수 그리스도 안에서 복음통일을 이루게 하소서. 하늘에 있는 것이나 땅에 있는 모든 것이 그리스도 안에서 하나를 이루어 남과 북이 함께 하나님께 예배하게 하소서. 우리를 하나 되게 하시는 예수님 이름으로 기도드립니다. 아멘.

20) 한반도에 하나님의 평화가 임하기를 기도합니다.

"그는 우리의 화평이신지라 둘로 하나를 만드사 원수 된 것 곧 중간에 막힌 담을 자기 육체로 허시고"(엡 2:14)

우리의 화평이신 하나님을 찬양합니다. 예수 그리스도의 십자가 은혜로 하나님의 보좌 앞에 나아가 경배할 수 있음에 감사드립니다. 죄로 인해 끊어진 하나님과의 관계를 그리스도의 십자가 대속으로 하나가 되게 하셔서 감사드립니다. 하나님께로 나아오는 모든 이들을 용서해 주시고 하나님의 사랑 안에 머물러 예수님을 닮게 하소서.

하나님, 한반도를 불쌍히 여겨 주시옵소서. 남과 북은 서로의 다른 이념으로 지금까지 전쟁 중에 있습니다. 70여 년 휴전 중이긴 하지만 언제 다시 전쟁이 일어날지 모른다는 불안감에 휩싸여 있습니다. 북한은 지역자립체제를 구축하고 북한 주민들이 대피하는 방공호, 한국과 미국까지 사정거리 안에 두고 미사일 개발, 핵 개발을 하였습니다. 대한민국도 연간 52조의 비용을 국방비에 사용하여 최첨단 무기들을 사들이고 있습니다. 하나님, 이 땅의 핵 도발을 막아주시고 전쟁이 아닌 평화를 이루어 주소서.

하나님, '칼을 쳐서 보습을 만들고 창을 쳐서 낫을 만들 것이며 이 나라와 저 나라가 다시는 칼을 들고 서로 치지 아니하며 다시는 전쟁을 연습하지 아니하리라' 말씀하신 약속이 이 땅 가운데 성취되게 도와주십시오. 그리하여 총과 빵을 바꾸는 이적이 일어나게 하시고 예수 그리스도께서 '둘로 하나를 만드사 원수된 것 곧 중간에 막힌 담을 자기 육체로 허'셨던 것처럼 이 땅에 원수된 모든 것들을 예수 그리스도의 사랑으로 허무셔서 하나님 안에서 용서하고 사랑하는 역사를 이루어 주소서.

하나님, 남과 북의 이념적 갈등은 국가를 넘어 사회와 교회까지도 분열을 야기시키고 있습니다. 화평을 이루어야 할 교회마저도 이념적 갈등과 인간의 탐욕으로 인해 분쟁 중에 있습니다. 인간이 우상이 되지 않게 하시고 모든 우상을 예수 그리스도의 이름으로 떠나가게 하시고 평화의 주인 되시는 예수 그리스도의 임재가 충만하게 하소서.

하나님의 말씀이 선포되는 곳에 '아멘'이 따르는 삶이 되게 하시고 그리스도인들이 머무는 곳마다 평화가 있게 하소서. 자신을 낮추어 둘을 하나로 만드신 예수 그리스도의 사랑으로 다시 하나가 되게 하시고 그리스도 안에서 온전한 평화를 이루게 하소서. 그리하여 남과 북의 모든 성도가 하나님의 아들이라 일컬음을 받게 하소서. 평화의 주인 되시는 예수 그리스도의 이름으로 기도드립니다. 아멘.

21) 한반도에 하나님의 나라가 임하기를 기도합니다.

> "그런즉 너희는 먼저 그의 나라와 그의 의를 구하라 그리하면 이 모든 것을 너희에게 더하시리라" (마 6:33)

'북한을 향한 21일 기도'에 응답하실 하나님을 찬양합니다. 곳곳에 믿음의 중보자들을 세워주시고 함께 기도하게 하셔서 감사드립니다. 중보자들이 먼저 자신을 낮추고 회개하여 하나님의 나라와 의를 구할 때 우리의 기도에 응답하셔서 이 땅을 회복시키시고 고쳐 주소서.

점점 악해져 가는 세상 속에서 선과 악을 분별할 수 있는 지혜, 말씀의 분별력을 더하시고 성령의 충만함을 더하여 주소서. 세상의 모든 악한 것을 예수 그리스도의 능력으로 끊게 하시고 하나님의 뜻에 합당한 삶을 살아가는 주의 신부들이 되게 하소서.

한반도를 향하신 하나님의 뜻이 무엇인지를 깨닫게 하시고 정치적 통일보다 선교가 우선이 되게 하소서. 잃어버린 한 영혼을 찾아오시는 예수님의 마음을 가지고 예수 그리스도의 사랑이 필요한 이들에게 찾아가 복음을 전하게 하소서. 회개하고 예수님을 삶의 주인으로 믿고 영접하는 모든 이들에게 하나님의 나라가 임하게 하소서.

이 세상과 내세의 영원한 하나님 나라에 소망을 두게 하시고 우리를 통해 선한 일을 이루어 가시는 하나님의 역사를 바라보게 하소서. 세상으로부터 눈을 들어 주님을 바라보게 하시고 십자가를 통한 부활의 소망을 가지고 오늘의 고난을 넉넉히 이기는 믿음을 더하여 주소서.

예수 그리스도께서 우리에게 보여 주신 하나님 나라의 모든 것이 하늘에서와 같이 이 땅에서 이루어지게 하소서. 북한, 중국, 해외 그리고 대한민국에 사는 이들 중에 약한 자, 가난한 자, 병든 자, 억압 가운데 있는 모든 이들에게 예수 그리스도가 참된 생명이 되어 주시고 소망이 되셔서 다신 눈물 없는 하나님의 나라를 꿈꾸게 하소서. 한반도에 모든 우상은 사라지고 하나님의 나라가 충만하게 임하기를 예수 그리스도의 이름으로 기도합니다. 아멘.

글을 마치며

글을 마치며

 북한선교는 선택이 아니라 필수이다. 북한선교는 하나님이 그리스도인들에게 말씀하시는 지상명령[104]이기 때문이다. 1885년 한국에 온 첫 공식 선교사인 아펜젤러와 언더우드 선교사를 통해 시작된 한국교회의 역사는 130년이 지난 지금까지 부흥의 역사와 함께 세계에 2만 7천여 명[105]의 선교사를 파송하고 있다. 북한선교를 위해 각 교단, 각 교회, 선교단체들은 선교사들을 파송해 왔다. 그러나 현재는 대한민국 국민의 신분으로는 북한을 들어갈 수 없게 되었다. 놀랍게도 하나님은 다른 방법을 통해 북한선교의 문을 우리에게 열어 주셨다.
 1994년 김일성이 사망한 후 고난의 행군[106]기간 약 20만 명의 북한 주민들이 중국으로 탈북한 것으로 추산된다. 이때 선교사들은 중국교회와 협력하여 탈북민을 보호하고 전도하고 양육하고 구출하여 북한 주민들에게 복음을 전했다. 그렇게 복음을 받아들인 수많은 북한 주민은 다시 압록강과 두만강을 건너 북한으로 들어가 복음을 전하는 역사가 일어났다. 또한 어떤 이들은 중국에 남아 신앙생활을 하거나 중국에서 사역자들을 도왔다. 어떤 이들은 대한민국에서 목회자나 선교사로 사명을 다하고 있다. 이는 하나님이 주시는 한국교회의 사명을 쫓아 순종한 결과라고 할 수 있다.

바알에게 무릎을 꿇지 않은 칠천[107]을 남겨 두셨듯이 북한에도 하나님이 남기신 지하교회 신앙인들이 있다. 하나님은 북한에 복음의 문을 여실 것이다. 한국교회는 북한의 지하교회와 함께 실크로드를 지나 무슬림 지역을 지나 땅끝 선교를 감당할 것이다. 성령의 부흥 역사는 죽음을 각오하며 순수한 신앙을 지키는 북한의 지하교회 성도들을 통해서 한반도가 다시 깨어나고 '물이 바다를 덮음 같이 여호와를 인정하는 것이 충만한' 사역이 될 수 있을 것이다.

모든 선교가 영적 전쟁이듯 북한선교도 마찬가지이다. 유물론과 무신론, 주체사상을 통한 수령론을 내세워 김씨 일가를 우상화하는 북한의 뒷배경에는 사탄과 마귀의 마지막 발악이 동반된다. 따라서 북한은 보이는 것이 전부가 아니므로 영적 분별력을 가지고 성령의 능력을 힘입어 북한 독재정권의 압제하에 죽어가는 영혼들을 볼 수 있어야 한다.

종교의 자유가 없어 숨죽이며 신앙생활을 하는 지하교회, 예수 믿는다는 이유로 정치범수용소에 구금된 북한 주민들, 북한 감옥에 갇혀 있는 한국 선교사들을 위해 기도해야 한다. 하나님은 북한을 사랑하시고 북한에 있는 그리스도인들을 통해 하나님의 역사를 쓰고 계신다.

어쩌면 이스라엘 백성들이 열 가지 재앙을 통해 살아계신 하나님을 보고 출애굽을 할 수 있었듯이 북한의 억압 속에서 목숨을 걸고 신앙을 지켜온 그리스도인들을 통해서 마지막 시대의 선교 사역이 이루어질 것이다. 또한 제3국에 머물러 있는 15만 명 이상의 북한 동포들, 해외에 흩어져 있는 디아스포라인들, 대한민국에 정착해서 살아가고 있는 3만 4천여 명의 탈북민들, 하나님은 바울을 통해 이방인들을 구원하는 사도행전의 역사를 쓰셨듯이 한민족 디아스포라인들의 빛들을 통해 마지막 선교의 역사를 쓰고 계신다.

북한선교는 어떻게 준비해야 할까? 북한선교는 마치 천 개가 넘는 퍼즐을 맞추는 것처럼 어렵다. 사전 지식과 경험에 따라 다르게 이해되고, 부르심의 영역에 따라 각자가 준비하고 있어서 서로의 사역을 이해하기 어렵고 협력하기 어려운 부분이 있다. 또한 공개와 비공개, 단기적 사역과 장기적 사역으로 나누기 때문에 그 영역에서 몸담고 사역 경험을 하지 않으면 이해하지 못하고 사역을 그릇되게 하기 쉽다. 또한 정치적 상황도 한몫한다. 통일대박론의 대세를 따를 때면 북한선교에도 그럴듯하게 가시적인 무언가가 보일지 모르지만 이것마저도 정치권의 행보에 따라 대세가 기울면 함께 기우는 것을 느낄 수 있다.

그럼에도 북한선교를 위해서는 상황에 따라 변하는 것이 아니라 예수 그리스도의 복음 수용 대상자들을 먼저 선정하고 그 대상들을 위한 기도와 접촉점들을 통해 단계적 접근 방법과 단기, 장기간의 선교적 방법론을 찾아야 한다. 탈북민선교, 북한선교, 통일선교를 지향하며 예수 그리스도 안에서 협력하여 하나님 나라를 이루어 가야 한다.

한반도에도 고속도로, KTX 고속열차, 하이퍼루프 시대가

열릴 것이고 북한을 몇 분, 몇 시간 만에 출퇴근할 수 있는 시대가 올 것이다. 북한선교의 문이 열리게 되면 북한을 넘어 중국과 러시아, 열방까지의 선교를 감당할 날이 머지않다. 이미 북한선교의 문은 열려 있고 앞으로 하나님께서 더 넓게 열어 주실 것이다. 북한선교를 위해 먼저 사람을 준비시키고 사람과 사람, 단체와 교회 간의 협력 사역을 통해 성령의 능력으로 생명의 빛을 한반도와 열방에 비추어야 한다.

참고문헌
각주

참고문헌

저서

감희. 『북한 사람 이해하기』. 한울.
고태우. 『북한의 종교정책』. 민족문화사.
김병로 외 3명. 『그루터기』. 박영사.
김병로. 『북한교회 이해』. 모시는 사람들.
김병로. 『북한, 조선으로 다시 읽다』. 서울대학교출판문화원.
김병로. 『북한 사회의 종교성: 주체사상과 기독교의 종교 양식 비교』.
　　　　 서울: 통일연구원.
김성욱. 『북한을 선점하라』. 세이지.
권헌익·정병호. 『극장국가 북한』. 창비.
송바울. 『때가 찬 북한선교』. 국민북스.
스텔라 프라이스 지음. 정지영 옮김 『조선에 부르심을 받다』. KOREA.
COM.
이기훈. 『왜 일대일 제자양육인가』. 두란노.
임현수. 『내가 누구를 두려워 하리요』. 규장.
임용석. 『통일 준비되었습니까?』. 진리와 자유.
전명희. 『탈북민 이해하기』. 지식공동체.
정종기. 『북한선교개론』. 아세아연합신학대학교.
조은식. 『선교와 통일』. 숭실대학교 출판부. 2014.
조요셉. 『북한선교의 마중물 탈북자』. 두날개.
주승현. 『조난자들』. 생각의 힘.
안드레이 란코프. 김수빈 옮김. 『리얼노스코리아』. 개마고원.
태영호. 『3층 서기실의 암호』. 기파랑.
한국기독교역사연구소. 『북한 교회사』. 북한교회사집필위원회 지음.
『조선말대사전』. (평양: 과학백과사전출판사, 1981).
『조선중앙년감 1950』. (평양: 조선로동당출판사, 1950).

『2016 북한이해』. 통일부 통일교육원.
『김일성저작집』. 제38권.
『다리 예화』 전도지. 네비게이토출판사.

논문

강성록(2001). "탈북자의 외상척도 개발 연구". 연세대학교 대학원 석사학위논문.

고유환·이주철·홍민(2012).『북한 언론 현황과 기능에 관한 연구』, 한국언론진흥재단. 33

김유향. "북한의 통신·인터넷 현황과 전망,"『KISO저널 제32호』(2018).

윤현기(2004). 북한 주민의 종교의식 변화를 위한 선교전략. 아세아연합신학대학교 신학연구원 석사학위 논문.

유혜란(2014). 탈북민을 통하여 본 '북한체제트라우마'(NKST) 불안연구. 한국기독교상담학회지, 25(1), 55.117-220.

이시효 외(2022). "평양 청년세대 '이중'의식구조에 대한 현상학적 연구", 북한연구학회보 26(2), 113-145.

이내수. "대적 communication의 효과적 수행에 관한 연구", 서울대학교 석사학위논문, 1976

이승열. "북한미디어와 통신, 언론 현황", 한국정치커뮤니케이션학회 학술대회논문집.

정기묵. "뉴미디어 시대와 미디어 선교", 선교와 신학 32집. 78

조수진. "미디어를 활용한 북한선교방안 모색", 장신 논단 Vol. 53 No. 5

조수영. "북한 미디어 환경과 언론의 기능", 한국언론학회.

'북한개발소식'. "북한의 사상문화 통제 정책과 청년세대", 한국오픈도어 북한선교연구소(2023.5월호) 통권 211호,

주경미. "외상 후 스트레스 장애". 약학정보원.

통일코리아 자료집, 2017. Vol. 02

통계

교육부(2022). 2022년 탈북학생 통계 현황(22.4 기준)
남북하나재단. "2022년 북한이탈주민 정착실태조사"
오픈도어선교회. 월드와치리스트, 2023.
통일부. "북한이탈주민 현황" (2023년 3월 말 기준)

뉴스

김종영. "탈북자는 대한민국 이방인?". 2012년 9월 28일자.
이민주. "탈북민 자살자 비율, 남한의 3배… 관심·지원 절실". 청년의 사. 2018년 5월 3일.
주성하. [주성하의 서울살이] 선교사 '언더우드' 집안 이야기. RFA 자유아시아방송. 2011.09.23.
RFA 자유아시아방송. 국무부 "북 주민 5만~7만, 기독교인 이유로 수용소에 수감". 2023. 05.15일자 뉴스
김정수. "북한이탈주민 미혹하는 이단들".「현대종교」2017년 4월 3일자.
조선중앙통신. 2013.3.30.
오성훈목사. 북한선교연합컨퍼런스 발제문 "북한선교 사역의 진단과 성찰", 미래목회포럼, 2015.08.19. http://www.miraech.com/board/1230
한상미. "북한, 남한식 '오빠', '자기야' 말투 못 쓰게 손전화 앱까지 개발?", BBC 코리아. 2023.6.2. https://www.bbc.com/korean/news-65736840
하채림 기자. "평양 휴대전화 보급률 71%... 접경지는 31% 수준" 연합뉴스. 2023.09.05. https://www.yna.co.kr/view/AKR20230905062051504
조아라 기자. "우리도 만듭네다"…북한 최신 스마트폰 '삼태성8' 포착. 한국경제. 2023.07.13. https://www.hankyung.com/article/202307132931g

유관지. "미디어와 북한선교-라디오를 중심으로-. 유코리아뉴스.
2012.08.12. http://www.ukoreanews.com/news/article-
View.html?idxno=510

나무위키. "태양 아래" https://namu.wiki/w/%ED%83%9C%EC%9
6%91%20%EC%95%84%EB%9E%98

기타

"원산부흥운동", 한국민족문화대백과사전. https://encykorea.aks.
ac.kr /Article/E0076578

많은물소리, '창문을 비추소서/어둠의 그늘 땅을 덮어', No. 4197.

각주

1) 요 1:5
2) 눅 4:18,19
3) 북한 헌법 제68조. "공민은 신앙의 자유를 가진다. 이 권리는 종교 건물을 짓거나 종교의식 같은 것을 허용하는 것으로 보장된다. 누구든지 종교를 외세를 끌어들이거나 국가 사회질서를 해치는데 리용할 수 없다."
4) 오픈도어선교회. 월드와치리스트, 2023
5) 김병로 외 3명. 『그루터기』. 박영사, 32.
6) 태영호. 『3층 서기실의 암호』. 기파랑, 528-530.
7) 김병로 외 3명. 『그루터기』. 박영사, 7.
8) 과학백과사전종합출판사. 『조선말대사전』 (평양:과학백과사전출판사, 1981), 1831.
9) 조선로동당출판사. 『조선중앙년감 1950』(평양: 조선로동당출판사, 1950), 365.
10) 고태우. 『북한의 종교정책』. 민족문화사, 192.
11) 김병로. 『북한교회 이해』. 모시는 사람들, 123-125.
12) 요 3:16
13) 고난의 행군이란 1938년 말에서 1939년까지 김일성이 이끄는 항일 빨치산이 만주에서 혹한과 굶주림을 겪으며 일본군의 토벌 작전을 피해 100여 일간 행군한 것에서 유래한 말이다. 당시 북한 정부는 어려워진 경제 사정을 고난의 행군과 비교하며 북한 주민들의 정신 무장과 희생을 강요했다.
14) 신 28:1-19
15) 강디모데. 『연어의 꿈』 참조.
16) 많은물소리, '어둠의 그늘 땅을 덮어', No. 4197.
17) 스텔라 프라이스 지음. 정지영 옮김 『조선에 부르심을 받다』. KOREA. COM, 140-148
18) 요 12:24
19) 한국민족문화대백과사전. "서울 연세대학교언더우드관"

20) 한국민족문화대백과사전. "연세대학교"
21) 한국민족문화대백과사전. "원산부흥운동"
22) 조은식. 『선교와 통일』 숭실대학교 출판부, 2014, 138-140
23) 위와 같은 책, 140-142
24) 한국기독교역사연구소. 『북한 교회사』 북한 교회사 집필 위원회 지음, 419
25) 조은식. 『선교와 통일』 숭실대학교 출판부, 2014, 140-142.
26) 주성하. [주성하의 서울살이] 선교사 '언더우드' 집안 이야기. RFA 자유아시아방송. 2011. 09. 23.
27) 감희. 『북한 사람 이해하기』 한울. 49.
28) 임현수. 『내가 누구를 두려워 하리요』 규장. 87.
29) 『김일성저작집』 제38권.
30) 정종기. 『북한선교개론』 아세아연합신학대학교, 200-201.
31) 『북한, 조선으로 다시 읽다』 서울대학교출판문화원, 98-99.
32) 송바울. 『때가 찬 북한선교』 국민북스. 65.
33) 위의 책. 100-107.
34) 김병로. 『북한 사회의 종교성: 주체사상과 기독교의 종교 양식 비교』 서울: 통일연구원.
35) 김병로. 『북한, 조선으로 다시 읽다』 서울대학교출판문화원, 113-119.
36) 김성욱. 『북한을 선점하라』 세이지. 23-24.
37) 통일부 통일교육원. 『2016 북한 이해』 75.
38) 위의 책. 42.
39) 유혜란(2014). 탈북민을 통하여 본 '북한체제트라우마'(NKST) 불안연구. 한국기독교상담학회지, 25(1), 55.
40) 안드레이 란코프. 김수빈 옮김. 『리얼노스코리아』 개마고원. 82.
제14호 관리소(개천) 50,000여 명, 제15호 관리소(요덕) 50,000여 명, 제16호 관리소(화성) 20,000여 명, 제18호 관리소(북창) 제19,000여 명, 제22호 관리소(회령) 50,000여 명, 제25호 정치범교화소(청진) 5,000여 명이다.
41) RFA 자유아시아방송. 국무부 "북 주민 5만~7만, 기독교인 이유로 수용소에 수감". 2023. 05. 15 일자 뉴스
42) 필자의 지역에서는 중고를 '누거리'라고 불렀고 '중고 매대'를 '누거리매대'라고 불렀다.
43) 북한에서는 마이신이라고 불렀다.

44) 경찰
45) 국정원
46) 정치인
47) 국가가 시민들에게 일정한 수준의 복지와 보장을 제공하는 것을 의미하는 북한용어.
48) 북한의 대부분 지역은 배급이 끊겼거나, 배급제도가 정상적으로 운영이 되지 않는다.
49) 출 5:1
50) 여우처럼 남을 속이거나, 승냥이처럼 남의 것을 도둑질, 혹은 **빼앗아서** 라도 먹고 살아남은 사람을 비유하여 이르는 비속어이다.
51) 남북하나재단. "2022년 북한이탈주민 정착실태조사"
52) 경찰
53) 탈북 여성 김춘애는 "지린성을 포함한 중국 땅 곳곳에서 1999년부터 2000년까지 인민폐 500위안(한화 8만 원)에 팔려 온 북한 여성들까지 목격했다"라고 증언한다.
54) 김성욱. 『북한을 선점하라』 세이지.
55) 중국 친척을 만나기 위해 두만강에서 교두로 넘어오는 사람들을 보는 모습이 마치 왜가리와 같다고 하여 사용하는 북한 속어.
56) 브로커에게 줄 돈이 없으므로, 목숨을 담보로 두만강, 압록강을 건너는 것을 일컫는 말.
57) 탈북한 사람들을 중국 공안으로부터 보호하기 위해 안전하게 숨겨 두는 장소
58) 2013년 『연어의 꿈』 저서 출판했고, 독일어로도 번역해서 출판했다.
59) 호 6:3
60) '유니씨드' 이름으로 사역하다가 개명하여 '탈북민닷컴'으로 비영리단체를 하다가 현재는 '엔케이피플선교회'로 변경했다.
61) 국내 탈북민 입국 현황을 보면 제일 많이 입국한 해는 2009년 2,803명이었다.
62) 오성훈 목사. 북한선교연합컨퍼런스 발제문 "북한선교 사역의 진단과 성찰". 미래목회포럼, 2015. 08. 19. http://www.miraech.com/board/1230
03) 엡 1:10
64) 조은식. 『선교와 통일』 숭실대학교 출판부, 2014. 202-203.

65) 유혜란(2014). 탈북민을 통하여 본 '북한체제트라우마'(NKST) 불안 연구. 한국기독교상담학회지, 25(1), 117-220.
66) 북한은 수령 중심으로 계층을 기본적으로 3가지로 나눌 수 있는데 이는 핵심 계층, 기본 계층, 복잡 계층이다.
67) 조선중앙통신. 2013. 3. 30.
68) 2010. 4. 14. 김일성종합대학의 전자도서관 준공식에 보낸 김정일 '친필명제'의 한 대목이다.
69) 조수영. "북한 미디어 환경과 언론의 기능", 한국언론학회. 29.
70) 통일코리아 자료집. 2017. Vol. 02, p.15-16
71) 나무위키. "태양 아래" ttps://namu.wiki/w/%ED%83%9C%EC%96%91%20%EC%95%84%EB%9E%98
72) 고유환·이주철·홍민(2012). 『북한 언론 현황과 기능에 관한 연구』. 한국언론진흥재단. 33
73) 하채림 기자. "평양 휴대전화 보급률 71%…. 접경지는 31% 수준" 연합뉴스. 2023.09.05. https://www.yna.co.kr/view/AKR20230905062051504
74) 조아라 기자. "우리도 만듭네다"…북한 최신 스마트폰 '삼태성8' 포착. 한국경제. 2023.07.13. https://www.hankyung.com/article/202307132931g
75) 김유향. "북한의 통신·인터넷 현황과 전망." 『KISO저널 제32호』 (2018).
76) 이승열. "북한 미디어와 통신, 언론 현황", 한국정치커뮤니케이션학회 학술대회논문집. 14-15
77) 이내수. "대적 communication의 효과적 수행에 관한 연구", 서울대학교 석사학위논문, 1976
78) 극동방송, 『극동방송 40년사』 (서울: 극동방송40년사편찬위, 1996), 43-45에 나오는 당시 청원서 원문에 따르면, '기독교 복음과 자유세계 소식을 전함으로 공산주의와 항거한다'라고 설립 목적을 내세우고 있다. 송신소가 위치한 당시 인천의 학익동은 바닷가에 위치해 있어 전도율이 높아 전파가 멀리까지 도달 가능한 대외방송으로서 적합한 장소였다.
79) 조수진. "미디어를 활용한 북한선교방안 모색", 장신 논단 Vol. 53 No. 5. 367
80) 유관지. "미디어와 북한선교-라디오를 중심으로-. 유코리아뉴스. 2012.08.12
81) 위의 책. 373

82) 북한에서는 대한민국을 남조선이라고 부른다.
83) 제27조, "남조선(한국) 영화나 록화물(녹화물), 편집물, 도서, 노래, 그림, 사진 같은 것을 보았거나 들었거나 보관 시 5년부터 15년까지의 로동교화형, 징역에 처한다." 제29조, "성(性) 록화물 또는 미신을 설교한 도서와 사진, 그림을 보았거나 보관한 자는 최소 5년에서 최고 15년까지의 로동교화형에 처한다." 제32조, "남조선식으로 말하거나 글을 쓰거나 남조선 창법으로 노래를 부르거나 남조선 서체로 인쇄물을 만든 자는 로동단련형 또는 2년까지의 로동교화형에 처한다."
84) 송바울. 『때가 찬 북한선교』. 국민북스, 144-145.
85) 프로그램을 북한에서는 프로그람이라고 부른다.
86) 한상미. "북한, 남한식 '오빠', '자기야' 말투 못 쓰게 손전화 앱까지 개발?", BBC 코리아. 2023. 6. 2. https://www.bbc.com/korean/news-65736840
87) 이시효 외(2022), "평양 청년세대 '이중'의식구조에 대한 현상학적 연구", 북한연구학회보 26(2), 113-145.
88) 한국오픈도어 북한선교연구소(2023.5월호) 통권 211호, '북한개발소식', 3.
89) 정기묵. "뉴미디어 시대와 미디어 선교", 선교와 신학 32집. 78
90) 고전 1:21
91) 새번역성경. 느 1:1-11
92) 대하 7:14
93) 모퉁이돌 약 10만, 오픈도어선교회 20~40만, 순교자의 소리는 50만, 미국 북한인권위원회 호크 연구원은 약 30만. 출처_정종기. '북한선교개론'. 아세아연합신학대학교. p396-397
94) 왕상 19:4
95) 왕상 19:18
96) 북한의 보위부는 한국의 국정원과 비슷한 역할을 한다고 보면 된다.
97) 마 6:26-33
98) 잠 8:17
99) 마 16:16, 18
100) 2019. 7. 11. 미국통계국
101) 2023. 9. 통일부
102) 북한기독교총연합회 42명 사역자 내상 설문.
103) 호 6:3

104) "그러므로 너희는 가서 모든 민족을 제자로 삼아 아버지와 아들과 성령의 이름으로 세례를 베풀고 내가 너희에게 분부한 모든 것을 가르쳐 지키게 하라 볼지어다 내가 세상 끝날까지 너희와 항상 함께 있으리라 하시니라(마 28:19-20)
105) 한국세계선교협의회(KWMA), 2018년도 선교사 파송 집계
106) 1994. 8. 7. 김일성 사망 이후 1995~1997년, 300만 명의 아사자들이 속출한 시기
107) 롬 11:2-4.